W0333273

Poissons et fruits de mer

Frédéric Berqué

Poissons et fruits de mer

FIRST
Editions

© Éditions First, 2007

Le Code de la propriété intellectuelle interdit les copies ou reproductions destinées à une utilisation collective. Toute représentation ou reproduction intégrale ou partielle faite par quelque procédé que ce soit, sans le consentement de l'auteur, de ses ayants droit ou de ses ayants cause est illicite et constitue une contrefaçon sanctionnée par les articles L 335-2 et suivants du Code de la propriété intellectuelle.

ISBN : 978-2-7540-0381-0
Dépôt légal : 2e trimestre 2007
Imprimé en Italie
Conception couverture : Bleu T

Édition : Aurélie Starckmann

Conception graphique : Georges Brevière

Nous nous efforçons de publier des ouvrages qui correspondent à vos attentes et votre satisfaction est pour nous une priorité.
Alors, n'hésitez pas à nous faire part de vos commentaires à :

Éditions First
27, rue Cassette, 75006 Paris
Tél : 01 45 49 60 00
Fax : 01 45 49 60 01
e-mail : firstinfo@efirst.com

En avant-première, nos prochaines parutions, des résumés de tous les ouvrages du catalogue. Dialoguez en toute liberté avec nos auteurs et nos éditeurs. Tout cela et bien plus sur Internet à www.efirst.com

Introduction

Les poissons et les fruits de mer sont réputés excellents pour notre bien-être et sont même présentés comme un « aliment santé ». Ils ont des propriétés nutritionnelles établies. Ils apportent, entre autres, une bonne quantité de protéines, ils sont riches en fer et pauvres en lipides. Ils contiennent beaucoup de minéraux et de vitamines (notamment dans les coquillages) ainsi que des corps gras bénéfiques pour la santé comme les acides gras poly-insaturés oméga 3 présents dans les maquereaux, les sardines ou le thon.

Ils participent à la diversité de nos repas et symbolisent bien souvent un esprit festif et convivial tout au long de l'année. Aucun repas gastronomique ne saurait se passer de poissons ou de fruits de mer.

Leurs saveurs incomparables, leurs modes de cuisson simples, leurs diversités et leurs bienfaits font de ces produits une source intarissable et incontournable de recettes de cuisine.

Cet ouvrage présente plus de 140 recettes différentes. Celles-ci sont, en général, assez faciles et rapides à exécuter. Vous trouverez des recettes classiques comme les filets de sole meunière, les coquilles Saint-Jacques ou la friture d'éperlans. D'autres sont beaucoup plus originales comme les sushis de saumon fumé et ricotta, le crumble de moules au lait de coco ou les pavés de saumon marinés, vodka et poivre vert.

Ce livre s'articule autour de quatre thèmes simples : l'apéritif, les entrées froides, les entrées chaudes et les plats principaux. Il inclut aussi quelques recettes de base, de sauces ou de beurres pour accompagner vos plats.

Les poissons

Plus de quinze variétés de poissons sont présentées dans ce petit livre. Vous pourrez cuisiner de la truite, du merlan, de la sole, de la limande, des maquereaux, du cabillaud, du bar, du lieu, de la julienne, des éperlans, du haddock, du rouget, du thon, de la dorade… Bien évidemment, le roi des poissons, le saumon a été mis en avant avec pas loin de trente recettes. Qu'il soit poché, sauté, rôti, mariné, en papillote, en carpaccio, en terrine, en salade, en sushis ou en rillettes, le saumon est un poisson qui s'accorde avec une multitude de produits et d'épices. Très facile à cuisiner, vous pouvez en plus le déguster cru ou fumé.

Les fruits de mer

Considérés comme difficiles à cuisiner, les fruits de mer méritent néanmoins votre attention. On les trouve très facilement dans le commerce. Beaucoup sont « prêts à l'emploi » comme les moules, les queues d'écrevisse, les crevettes ou les noix de Saint-Jacques. Si vous ne les consommez pas crus, comme les huîtres, veillez à bien respecter les temps de cuisson. Quand les fruits de mer souffrent d'une cuisson trop longue, ils deviennent durs et caoutchouteux. N'hésitez pas non plus à les marier avec du poisson : dans les sauces par exemple, ils s'accordent à merveille.

Faites-vous plaisir, faites plaisir aux autres, profitez de leurs bienfaits, cuisinez les produits de la mer !

•

BEURRE BLANC

4 pers. **Préparation : 10 min**

10 cl de vin blanc sec • 2 échalotes • 200 g de beurre • 10 cl de crème liquide ou épaisse • piment de Cayenne • sel

Réalisation

Hachez finement les échalotes. Déposez-les dans une casserole avec le vin. Faites réduire presque à sec. Incorporez, à l'aide d'un fouet, le beurre en grosses parcelles. Versez la crème et l'assaisonnement et fouettez à nouveau sans faire bouillir.

BEURRE D'ESCARGOTS

4 pers. **Préparation : 5 min**

200 g de beurre • 3 gousses d'ail • 1 petit bouquet de persil haché • sel, poivre

Réalisation

Hachez finement l'ail et le persil. Travaillez le beurre en pommade. Mélangez le tout. Salez et poivrez.

BEURRE DE CITRON

4 pers. **Préparation : 5 min Cuisson : 5 min**

200 g de beurre • 1 citron • piment de Cayenne • sel

Réalisation

Dans une petite casserole, faites réduire le jus de citron et une cuillerée à soupe d'eau. Ajoutez le beurre en grosses parcelles et fouettez jusqu'à sa fonte. Assaisonnez de sel fin et de piment de Cayenne.

BEURRE MAÎTRE D'HÔTEL

4 pers. **Préparation : 5 min**

200 g de beurre • 1 cuil. à soupe de jus de citron • 1 petit bouquet de persil • sel

Réalisation

Hachez finement le persil. Travaillez le beurre en pommade. Incorporez le jus de citron puis le persil haché et enfin du sel.

COURT-BOUILLON

4 pers. Préparation : 5 min Cuisson : 20 min

1 oignon • 1 carotte • 1 cuil. à soupe d'huile d'olive • 20 cl de vin blanc • 1 bouquet garni • 1 clou de girofle • 10 grains de poivre

Réalisation

Émincez l'oignon et la carotte. Réunissez tous les ingrédients avec 1 litre d'eau dans une casserole. Portez le tout à ébullition et laissez frémir 20 minutes.

FUMET DE POISSON

4 pers. Préparation : 10 min Cuisson : 25 min

500 g d'arêtes et de parures de poisson • 1 oignon • 1 carotte • 1 échalote • 1 cuil. à soupe d'huile d'olive • 10 cl de vin blanc • 1 bouquet garni

Réalisation

Dégorgez bien les arêtes et les parures à l'eau courante puis égouttez-les. Émincez finement les légumes. Dans une cocotte, faites suer les légumes puis les arêtes, sans coloration, pendant 5 minutes, à l'huile d'olive. Mouillez avec le vin blanc puis 50 cl d'eau. Ajoutez un bouquet garni. Portez le tout à ébullition et faites frémir tout doucement 20 minutes. Passez le fumet au chinois.

SAUCE AÏOLI

4 pers. **Préparation : 10 min**

30 cl d'huile d'olive • 2 jaunes d'œufs • 1 cuil. à café de jus de citron • 4 ou 5 gousses d'ail • sel

Réalisation

Dans un mortier, pilez les gousses d'ail épluchées et dégermées pour obtenir une pâte crémeuse. Ajoutez les jaunes d'œufs, le jus de citron et du sel. Incorporez progressivement l'huile d'olive en fouettant énergiquement.

Notre conseil : montez votre aïoli, moitié huile d'olive et moitié huile de tournesol pour une sauce moins corsée.

SAUCE COCKTAIL

4 pers. Préparation : 10 min

30 cl d'huile • 2 jaunes d'œufs • 1 cuil. à soupe de moutarde • 1 cuil. à café de vinaigre • 1 cuil. à soupe de ketchup • 1 cuil. à café de cognac • sel

Réalisation

Dans un grand saladier, déposez les jaunes d'œufs et la moutarde et fouettez-les un peu. Incorporez progressivement l'huile en fouettant énergiquement. Terminez la sauce cocktail en incorporant le vinaigre, le cognac, le ketchup et du sel.

SAUCE HOLLANDAISE

4 pers. Préparation : 10 min Cuisson : 5 min

3 jaunes d'œufs • 180 g de beurre • 1/2 citron • piment de Cayenne • sel

Réalisation

Pressez le demi-citron. Faites fondre le beurre tout doucement au bain-marie. Dans une casserole et à feu très doux, fouettez énergiquement les jaunes d'œufs avec une cuillerée à soupe d'eau (vous devez doubler le volume sans dépasser la température de 65 °C). Hors du feu, incorporez, à la manière d'une mayonnaise, le beurre fondu. Terminez la sauce en l'acidulant avec le jus de citron, du sel et du piment de Cayenne.

SAUCE MAYONNAISE

4 pers. **Préparation : 10 min**

30 cl d'huile • 2 jaunes d'œufs • 1 cuil. à soupe de moutarde • 1 cuil. à café de vinaigre ou de jus de citron • sel

Réalisation

Dans un grand saladier, déposez les jaunes d'œufs et la moutarde et fouettez-les un peu. Incorporez progressivement l'huile en fouettant énergiquement. Assaisonnez la mayonnaise à la fin en ajoutant le vinaigre ou le jus de citron et du sel.

SAUCE MOUSSELINE

4 pers. **Préparation : 10 min**

30 cl d'huile • 2 jaunes d'œufs • 1 cuil. à soupe de moutarde • 1 cuil. à café de jus de citron • 10 cl de crème liquide • sel

Réalisation

Dans un grand saladier, déposez les jaunes d'œufs et la moutarde et fouettez-les un peu. Incorporez progressivement l'huile en fouettant énergiquement. Assaisonnez la mayonnaise en ajoutant le jus de citron et du sel. Terminez la sauce en incorporant la crème fouettée.

Notre conseil : pour une sauce moins riche, incorporez à la fin deux blancs d'œufs montés en neige à la place de la crème.

•

ACRAS DE MORUE

6 pers. **Prép. : 15 min Réfrigération : 1 h Cuisson : 30 min**

220 g de morue dessalée • 100 g de farine • 1/2 sachet de levure • 15 cl de lait • 2 jaunes d'œufs • 1 oignon • 2 gousses d'ail • 2 cuil. à soupe de persil haché • quelques gouttes de Tabasco • 1 pincée de piment • huile à friture

Réalisation

Pochez la morue pendant 15 minutes (départ eau froide). Égouttez-la puis et émiettez-la avec une fourchette. Pelez et hachez l'ail et l'oignon. Dans un saladier, disposez la farine et la levure en fontaine. Ajoutez au centre les jaunes d'œufs et le lait. Mélangez progressivement. Ajoutez ensuite la morue, l'oignon, l'ail puis le persil. Relevez cette pâte à acras avec du Tabasco et du piment. Laissez reposer la pâte au frais pendant 1 heure. Prélevez un peu de pâte avec une cuillère à soupe. Faites frire les acras 1 minute par petite quantité et dans une huile bien chaude.

Notre conseil : pour dessaler la morue, il faut l'immerger dans un grand volume d'eau pendant au moins 12 heures.

BEIGNETS DE CREVETTES AU MIEL ET À L'ORANGE

4 pers. **Prép. : 15 min Réfrigération : 2 h Cuisson : 15 min**

16 crevettes bouquet décortiquées • 1 orange • 1/2 citron • 3 cl de liqueur d'orange • 3 cuil. à soupe de miel liquide • 1 pincée de paprika • 100 g de farine • 1 œuf + 2 blancs • 5 cl de bière • 5 cl de lait • huile de friture • sel, poivre

Réalisation

Pressez les agrumes. Déposez les crevettes dans un petit ravier et faites-les mariner avec le miel, le jus d'agrume, la liqueur et le paprika pendant 2 heures au réfrigérateur.

Dans un ravier, disposez la farine en fontaine. Ajoutez du sel, du poivre, l'œuf entier, le lait et la bière. Mélangez le tout. Battez les blancs d'œufs en neige et incorporez-les au précédent mélange. Égouttez les crevettes et enrobez-les de pâte à frire. Plongez les beignets au fur et à mesure dans l'huile bien chaude à 180 °C et égouttez-les sur du papier absorbant. Dégustez sans attendre.

Notre conseil : la pâte à frire peut être réalisée uniquement avec du lait.

BEIGNETS DE GAMBAS À L'ANIS

4 pers. Préparation : 15 min Marinade : 1 h Cuisson : 10 min

16 gambas • 2 cuil. à soupe d'huile d'olive • 1 trait de pastis • 1 cuil. à café d'anis vert en poudre • 100 g de farine • 1 œuf + 2 blancs • 10 cl de lait, huile de friture • sel, poivre

Réalisation

Décortiquez les gambas. Faites-les mariner 1 heure avec l'huile d'olive, le pastis et l'anis vert.
Dans un saladier, disposez la farine en fontaine. Ajoutez le sel, le poivre, l'œuf et le lait. Mélangez le tout. Battez les blancs d'œufs en neige et incorporez-les au précédent mélange. Enrobez les gambas égouttées de cette pâte à frire. Plongez les beignets un par un dans l'huile bien chaude (180 °C). Égouttez-les sur du papier absorbant.

BEIGNETS DE MOULES TANDOORI

4 pers. **Préparation : 15 min Cuisson : 15 min**

1kg de moules d'Espagne • 2 cuil. à soupe d'huile d'olive • 1 cuil. à soupe de poudre de tandoori • 1 citron • 100 g de farine • 1 œuf + 2 blancs • 5 cl de bière • 5 cl de lait, huile de friture • sel, poivre

Réalisation

Faites cuire les moules dans une cocotte pendant 5 à 6 minutes avec un peu d'eau salée. Décoquillez-les et faites-les mariner quelques minutes avec un peu d'huile d'olive et du tandoori. Dans un saladier, disposez la farine en fontaine. Ajoutez du sel, du poivre, l'œuf, le lait et la bière. Mélangez le tout. Battez les deux blancs d'œuf en neige et incorporez-les au précédent mélange. Déposez les moules dans la pâte à frire, enrobez-les délicatement. Plongez les beignets un par un dans l'huile bien chaude (180 °C). Égouttez-les sur du papier absorbant. Dégustez sans attendre avec des quartiers de citron.

BIGORNEAUX

4 pers. **Préparation : 5 min Cuisson : 5 min**

400 g de bigorneaux • 1 bouquet garni • pain de seigle • beurre salé • sel de mer

Réalisation

Lavez soigneusement les bigorneaux à grande eau. Déposez-les dans une casserole et mouillez à hauteur avec de l'eau salée et un bouquet garni. Portez le tout à ébullition et laissez frémir 5 minutes. Égouttez et servez les bigorneaux tièdes avec du pain de seigle et du beurre salé.

BLINIS AU TARAMA

4 pers. **Préparation : 10 min**

12 blinis • 100 g de tarama • 1 citron • 1 petit pot d'œufs de lump rouges • 1 petit bouquet de cerfeuil

Réalisation

Tartinez le tarama sur les blinis. Déposez dessus un peu d'œufs de lump, un petit morceau de citron sans peau puis une pluche de cerfeuil.

BLINIS AU RÂPÉ DE SURIMI

4 pers. **Préparation : 10 min**

12 blinis • 150 g de râpé de surimi • 2 cuil. à soupe de mayonnaise • 1 cuil. à café de ketchup • 1 trait de cognac • 1 petit pot d'œufs de saumon • 1 cuil. à soupe de ciboulette hachée

Réalisation

Mélangez la mayonnaise avec le ketchup et le cognac. Incorporez délicatement le râpé de surimi. Déposez cette farce sur tous les blinis et décorez avec des œufs de saumon et de la ciboulette hachée.

BROCHETTES DE SCAMPI AU JAMBON DE BAYONNE

4 pers. **Préparation : 15 min Cuisson : 5 min**

20 queues de scampi décortiquées (grosses crevettes) • 4 tranches de jambon de Bayonne • 16 tomates cerise • 3 cuil. à soupe d'huile d'olive • 1 citron • 1 cuil. à soupe d'herbes de Provence

Réalisation

Arrosez les scampi d'huile d'olive, du jus du citron et d'herbes de Provence. Détaillez vingt lanières dans les tranches de jambon. Enroulez les queues de scampi avec ces lanières. Préchauffez le four à 240 °C (th. 8). Dans quatre grandes brochettes, piquez en alternance, cinq scampi et quatre tomates cerise. Déposez les brochettes dans un grand plat. Arrosez-les légèrement d'huile d'olive. Faites-les cuire 4 à 5 minutes au four.

BULOTS AU COURT-BOUILLON

4 pers. **Préparation : 5 min Cuisson : 15 min**

2 kg de bulots • 1,5 litre de court-bouillon

Réalisation

Lavez soigneusement les bulots. Déposez-les dans une grande casserole. Mouillez à hauteur de court-bouillon froid. Couvrez et portez à ébullition. Laissez cuire doucement pendant 15 minutes. Servez chaud ou froid avec une sauce aïoli.

CREVETTES SAUTÉES À L'ANANAS

4 pers. **Préparation : 5 min Cuisson : 5 min**

24 crevettes décortiquées • 4 tranches d'ananas frais • 40 g de beurre • 1 pincée de gingembre en poudre • 1 trait de sauce de soja • 1 cuil. à soupe de vinaigre balsamique

Réalisation

Découpez les tranches d'ananas en petits quartiers. Faites chauffer la moitié du beurre dans une poêle. Colorez rapidement les quartiers d'ananas et réservez-les. Faites sauter dans la même poêle les crevettes avec le reste du beurre. Arrosez avec la sauce de soja et le vinaigre. Ajoutez l'ananas et saupoudrez de gingembre. Servez aussitôt dans des petits raviers.

CROQUES DE CHÈVRE FRAIS ET SAUMON FUMÉ

4 pers. **Préparation : 15 min Cuisson : 5 min**

1/2 baguette • 2 cuil. à soupe d'huile d'olive • 1 pincée d'origan • 200 g de fromage de chèvre frais • 4 tranches de saumon fumé • 1 petit bouquet d'aneth

Réalisation

Préchauffez le four à 210 °C (th. 7). Détaillez une douzaine de tranches dans la baguette. Badigeonnez-les au pinceau d'huile d'olive et d'origan. Faites colorer ces croques quelques minutes au four. Découpez douze morceaux dans les tranches de saumon fumé. Tartinez les croques avec le fromage de chèvre puis déposez sur chaque croque un morceau de saumon fumé. Décorez avec des pluches d'aneth.

CROQUES FACILES DE SARDINES À L'HUILE

4 pers. **Préparation : 15 min Cuisson : 5 min**

1/2 baguette • 2 cuil. à soupe d'huile d'olive • 1 boîte de filets de sardine à l'huile • 60 g de beurre tendre • 1 citron vert

Réalisation

Préchauffez le four à 210 °C (th. 7). Détaillez une douzaine de tranches dans la baguette. Badigeonnez-les au pinceau d'huile d'olive. Faites colorer ces croques quelques minutes au four. Travaillez le beurre en pommade puis incorporez les filets de sardine égouttés. Écrasez bien le tout avec une fourchette. Tartinez généreusement vos croques avec ce beurre. Décorez avec des petits morceaux de citron vert.

Notre conseil : préférez une boîte de sardines à l'huile d'olive et au citron.

FRITOTS DE LANGOUSTINE AU PIMENT D'ESPELETTE

4 pers. **Préparation : 15 min Marinade : 1 h Cuisson : 15 min**

16 queues de langoustine • 2 cuil. à soupe d'huile d'olive • 1 citron • 1 pincée de piment d'Espelette • 100 g de farine • 1 œuf + 2 blancs • 5 cl de lait • 5 cl de bière • huile de friture • sel, poivre

Réalisation

Faites mariner pendant 1 heure les queues de langoustine avec l'huile d'olive, le jus du citron et le piment d'Espelette.

Dans un saladier, disposez la farine en fontaine. Ajoutez du sel, du poivre, l'œuf entier, le lait et la bière. Mélangez le tout. Battez les deux blancs d'œufs en neige et incorporez-les au précédent mélange. Enrobez les langoustines égouttées de cette pâte à frire. Plongez les beignets un par un dans l'huile bien chaude à 180 °C. Égouttez-les sur du papier absorbant.

FRITURE D'ÉPERLANS

4 pers. **Préparation : 10 min Cuisson : 15 min**

800 g d'éperlans • 150 g de farine • 4 citrons • sel

Réalisation

Passez la friture dans la farine. Déposez-la dans un grand tamis pour enlever l'excédent de farine. Plongez la friture, en plusieurs fois et par petite quantité dans l'huile bien chaude à 180 °C. Égouttez la friture au fur et à mesure sur du papier absorbant. Salez et servez avec des quartiers de citron.

Notre conseil : servez cette friture à l'apéritif.

MOULES D'ESPAGNE AU BEURRE D'ESCARGOT

4 pers. **Préparation : 25 min Cuisson : 10 min**

1,4 kg de moules d'Espagne • 2 échalotes • 10 cl de vin blanc • 2 cuil. à soupe de persil haché • 200 g de beurre tendre • 2 gousses d'ail • chapelure • sel

Réalisation

Grattez et lavez soigneusement les moules. Hachez finement les échalotes. Déposez les moules dans une grande cocotte. Arrosez-les de vin blanc. Ajoutez une cuillerée à soupe de persil haché et l'échalote. Faites cuire le tout à feu vif et à couvert pendant 5 à 6 minutes. Laissez refroidir. Retirez la coquille supérieure des moules. Travaillez le beurre en pommade. Incorporez l'ail haché, le reste de persil et du sel fin. Garnissez toutes les moules avec le beurre d'escargot. Saupoudrez de chapelure et faites gratiner les moules dans un four bien chaud.

RILLETTES DE SAUMON À L'ANETH

4 pers. **Prép. : 15 min Cuisson : 10 min Réfrigération : 1 h**

300 g de filet de saumon • 60 g de beurre • 1 citron • 10 cl de crème liquide • 1 bouquet d'aneth • blinis • sel

Réalisation

Faites cuire à la vapeur le filet de saumon pendant 10 minutes. Égouttez-le et laissez-le refroidir. Travaillez le beurre en pommade. Hachez finement le bouquet d'aneth. Fouettez la crème liquide en chantilly salée. Émiettez, à la fourchette, le saumon et le jus de citron. Ajoutez le beurre en pommade et l'aneth. Incorporez la crème fouettée. Salez et réservez au frais pendant 1 heure. Servez les rillettes, à l'apéritif, avec des blinis ou des toasts de pain de mie.

ROULEAUX DE CHÈVRE ET TRUITE FUMÉE

6 pers. **Préparation : 15 min Réfrigération : 1 h**

1 paquet de pain de mie sans croûte • 300 g de fromage de chèvre frais • 6 tranches de truite fumée • 1 cuil. à soupe de fines herbes

Réalisation

Divisez le fromage de chèvre en deux. Conservez-en la moitié nature et agrémentez l'autre avec des fines herbes. Écrasez au rouleau six tranches de pain de mie. Tartinez-les avec le fromage de chèvre nature. Déposez les tranches de truite fumée et tartinez-les avec le fromage de chèvre aux fines herbes. Roulez les tranches avec une natte ou à la main. Conservez au réfrigérateur pendant 1 heure. Émincez les rouleaux et servez à l'apéritif.

TARTINES AUX RILLETTES DE SAUMON

4 pers. **Prép. : 20 min Réfrigération : 1 h Cuisson : 10 min**

150 g de filet de saumon sans peau • 1 citron • 100 g de saumon fumé • 60 g de beurre salé • 1 cuil. à café d'aneth ou de coriandre hachée • 1 pain de campagne • poivre du moulin • gros sel

Réalisation

Déposez le filet de saumon dans une grande casserole. Mouillez d'eau froide à hauteur. Salez au gros sel et ajoutez le jus d'un demi-citron. Dès l'ébullition, laissez frémir 2 minutes. Égouttez et laissez refroidir le saumon. Hachez finement au couteau le saumon fumé. Émiettez à la fourchette le saumon poché. Dans un saladier, travaillez le beurre en pommade puis incorporez les deux saumons, l'aneth, le jus du demi-citron restant et du poivre. Laissez refroidir les rillettes au moins 1 heure au réfrigérateur. Tartinez-les sur des tranches de pain de campagne.

•

ASPICS DE LA MER

6 pers. **Prép. : 15 min Réfrigération : 2 h Cuisson : 10 min**

80 g de petites crevettes décortiquées • 200 g de filet de saumon • 1 citron • 1 sachet de 1/2 litre gelée au madère • 50g de poivron rouge • 50g de poivron jaune • quelques brins de ciboulette • gros sel

Réalisation

Préparez 1/2 litre de gelée. Détaillez les poivrons en petits dés. Coupez le saumon en gros dés. Déposez-les dans une casserole. Versez de l'eau froide salée et citronnée à hauteur. Portez doucement à ébullition, puis laissez cuire 1 minute. Égouttez et refroidissez les dés de saumon. Versez dans quatre grands ramequins 5 mm de gelée. Laissez prendre. Ajoutez les dés de saumon, les crevettes, les dés de poivrons et la ciboulette hachée. Coulez le reste de gelée à la hauteur des ramequins et laissez prendre de nouveau pendant 2 heures. Démoulez pour servir.

CARPACCIO DE HADDOCK À LA VINAIGRETTE DE MANGUE

4 pers. Préparation : 20 min Réfrigération : 15 min

300 g de haddock prétranché • 1 mangue • 3 cuil. à soupe d'huile d'olive • 1 cuil. à soupe de jus de citron • 1 cuil. à soupe de vinaigre balsamique blanc • 4 feuilles de basilic • 1 cuil. à café de baies roses • sel, poivre

Réalisation

Taillez douze à seize fines tranches dans la mangue épluchée. Récupérez le reste de chair pour la marinade. Répartissez les tranches de haddock dans quatre grandes assiettes en alternance avec les tranches de mangue. Mixez le reste de mangue avec l'huile d'olive, le jus de citron, le vinaigre, du sel et du poivre. Badigeonnez cette marinade sur les tranches de haddock. Laissez reposer au frais 15 minutes. Décorez avec du basilic et des baies roses.

CARPACCIO DE NOIX DE SAINT-JACQUES AU CITRON VERT

4 pers. **Préparation : 15 min Réfrigération : 2 h**

12 grosses noix de Saint-Jacques sans corail • 10 cl d'huile d'olive • 4 citrons verts • 2 tomates grappe • quelques feuilles de basilic et d'aneth • baies roses • sel, poivre du moulin

Réalisation

Pressez les citrons. Retirez le petit nerf des noix de Saint-Jacques. Détaillez les noix en tranches et posez-les dans un grand plat. Coupez les tomates en petits dés réguliers. Mélangez l'huile d'olive avec le jus de citron vert, les dés de tomate, du sel, du poivre et des baies roses. Versez la marinade sur les Saint-Jacques et laissez reposer au frais pendant 2 heures.

Dressez les Saint-Jacques sur assiette en corolle. Arrosez-les de nouveau avec la marinade. Saupoudrez de basilic haché. Décorez avec des tranches de citron vert et de l'aneth.

Notre conseil : servez les Saint-Jacques avec une salade de mâche.

CARPACCIO DE SAUMON

4 pers. **Préparation : 20 min Réfrigération : 1 h**

500 g de filet de saumon • 2 cuil. à soupe de câpres • 2 citrons
Pour la marinade : 10 cl d'huile d'olive • 1 jus de citron • 8 feuilles de basilic • sel, poivre du moulin

Réalisation

Taillez de fines tranches dans le filet de saumon. Répartissez-les dans quatre grandes assiettes. Préparez la marinade en mélangeant dans un bol l'huile d'olive avec le jus du citron, les feuilles de basilic hachées, du sel et du poivre.
Badigeonnez les tranches de saumon au pinceau avec cette marinade. Filmez et laissez reposer au frais 1 heure. Ajoutez à la dernière minute des câpres. Décorez avec des quartiers de citron.

Notre conseil : durcissez le filet de saumon 2 heures au congélateur pour le trancher plus facilement.

CARPACCIO DE THON ROUGE AUX COPEAUX DE PARMESAN

4 pers. **Préparation : 20 min Congélation : 2 h**

400 g de filet de thon rouge • 3 cuil. à soupe d'huile d'olive • 1 cuil. à soupe de vinaigre balsamique • 1 citron • 6 feuilles de basilic • 100 g de parmesan bloc • sel, poivre du moulin

Réalisation

Durcissez le filet de thon au congélateur. À l'aide d'une trancheuse, taillez de fines tranches dans le filet de thon. Répartissez-les soigneusement dans quatre grandes assiettes. Arrosez-les d'huile d'olive, du jus du citron, de vinaigre balsamique, de basilic haché, de sel et de poivre. Terminez le dressage avec des copeaux de parmesan (utilisez une râpe ou un couteau).

COROLLE DE CREVETTES, D'AVOCAT ET DE PAMPLEMOUSSE

4 pers. **Préparation : 15 min**

2 pamplemousses • 12 crevettes bouquet décortiquées • 2 avocats • 100 g de mayonnaise • 1 cuil. à soupe de ketchup • 1 trait de cognac • 1 trait de Tabasco • sel

Réalisation

Mélangez le ketchup, le cognac, le Tabasco et une pincée de sel avec la mayonnaise. Dressez cette sauce cocktail dans quatre petits raviers. Prélevez les segments de pamplemousses. Ouvrez les avocats en deux, épluchez-les puis émincez-les dans la longueur. Dressez dans les assiettes les crevettes, les tranches d'avocat, les segments de pamplemousse en alternance et en corolle. Déposez au centre les raviers de sauce cocktail.

DARNES DE SAUMON FROIDES

4 pers. **Préparation : 10 min Cuisson : 12 min**

4 darnes de saumon • 2 citrons • gros sel • 100 g de mayonnaise

Réalisation

Ficelez et déposez les darnes dans une grande casserole. Mouillez avec de l'eau froide salée à hauteur. Ajoutez le jus des citrons. Portez le tout, doucement, à l'ébullition. Laissez frémir 3 à 4 minutes puis égouttez les darnes. Retirez l'arête centrale et la peau, laissez refroidir. Dressez les darnes dans un plat et garnissez l'intérieur avec de la mayonnaise.

GELÉE AUX CREVETTES ET CRÈME AUX ŒUFS DE LUMP

4 pers. **Prép. : 15 min Réfrigération : 2 h Cuisson : 5 min**

150 g de petites crevettes décortiquées • 6 œufs de caille • 1 sachet de 50 cl de gelée au madère • 1/4 de poivron rouge • 1/4 de poivron jaune • quelques brins de ciboulette • 4 cuil. à soupe de crème épaisse • 1 petit bocal d'œufs de lumps rouge

Réalisation

Préparez 50 cl de gelée. Faites cuire pendant 5 minutes les œufs de caille dans de l'eau bouillante. Écalez-les puis découpez-les en deux. Détaillez les poivrons en petits dés. Versez dans quatre verres de cuisine 5 mm de gelée. Laissez prendre. Ajoutez les œufs de caille, les crevettes, les dés de poivrons et la ciboulette hachée. Coulez le reste de gelée au tiers de la hauteur des verres et laissez prendre de nouveau.
Mélangez la crème épaisse avec les œufs de lump. Complétez les verres avec cette crème.

Notre conseil : utilisez des verres à whisky.

HOMARD, TOMATE ET MOZZARELLA

4 pers. **Préparation : 5 min**

2 homards cuits • 2 tomates grappe • 2 boules de mozzarella • 3 cuil. à soupe d'huile d'olive • 1 cuil. à soupe de vinaigre balsamique • 1 petit bouquet de basilic • quelques câpres • sel, poivre du moulin

Réalisation

Décortiquez les homards, récupérez la chair de la queue et des pinces. Émincez finement les tomates, la mozzarella et les queues de homard. Dans un plat rond, dressez, en rosace et en alternance les trois produits. Déposez au centre les pinces de homard. Arrosez d'un filet d'huile d'olive et de vinaigre balsamique. Parsemez de basilic haché et de câpres. Assaisonnez de sel et de poivre du moulin.

LANGOUSTES AU NATUREL

4 pers. **Préparation : 5 min Cuisson : 20 min par kilo**

2 langoustes • 4 litres de court-bouillon ou d'eau salée • mayonnaise

Réalisation

Pesez les langoustes. Faites frémir dans une grande casserole le court-bouillon ou l'eau salée. Plongez les langoustes dans le liquide bouillant et laissez-cuire 20 minutes par kilo. Laissez refroidir. Coupez les langoustes en deux et servez tout simplement avec de la mayonnaise.

MÉLI-MÉLO DE TRUITE FUMÉE ET MOZZARELLA

4 pers. **Préparation : 15 min**

150 g de truite fumée prétranchée • 2 boules de mozzarella • 2 tomates grappes • 2 cuil. à soupe d'huile d'olive • 1 cuil. à soupe de vinaigre balsamique • 2 cuil. à soupe de câpres • 1 cuil. à soupe de basilic haché • sel, poivre du moulin

Réalisation

Taillez les tomates et les boules de mozzarella en

fines tranches. Dressez ces tranches en éventail et en alternance avec la truite fumée dans quatre grandes assiettes. Arrosez-les d'huile d'olive, de vinaigre balsamique, parsemez de câpres et de basilic. Salez et poivrez.

Notre conseil : remplacez la truite par du saumon fumé.

MOUSSE DE THON AUX CÂPRES

4 pers. **Préparation : 10 min Réfrigération : 2 h**

150 g de thon au naturel • 1 cuil. à soupe de mayonnaise • 1 cuil. à soupe de moutarde • 1 petit-suisse • 2 cuil. à soupe de câpres hachées • sel, poivre du moulin

Réalisation

Dans un saladier, émiettez le thon égoutté. Ajoutez la mayonnaise, la moutarde, le petit-suisse, les câpres hachées, du sel et du poivre. Réservez cette mousse au frais pendant 2 heures. Servez avec des tranches de pain.

ŒUFS MIMOSA AU THON

4 pers. **Prép. : 15 min Réfrigération : 1 h Cuisson : 10 min**

6 œufs • 1 petite boîte de thon au naturel • 2 cuil. à soupe de mayonnaise • sel

Réalisation

Déposez les œufs dans une casserole d'eau froide. Portez le tout à ébullition. Laissez cuire 10 minutes. Refroidissez puis écalez les œufs. Coupez les œufs en deux. Passez au tamis ou écrasez à la fourchette les jaunes. Mélangez-les avec la mayonnaise, une pincée de sel et le thon bien égoutté. Avec une poche à douille ou une cuillère, remplissez les blancs d'œufs de cette farce. Laissez refroidir 1 heure.

RÉMOULADE DE SURIMI AUX POMMES VERTES

4 pers. **Préparation : 10 min**

150 g de céleri râpé • 50 g de mayonnaise • 5 cl de crème liquide • 1/2 citron • 100 g de surimi râpé • 1 pomme verte • sel

Réalisation

Épluchez la pomme verte, détaillez des petits cubes dans la chair. Citronnez-les. Mélangez la mayonnaise avec la crème liquide, le jus d'un demi-citron et du sel fin. Incorporez le céleri, les dés de pomme puis le surimi râpé. Servez bien frais en raviers.

Notre conseil : ajoutez quelques cerneaux de noix.

RILLETTES DE SAUMON AUX AGRUMES

4 pers. **Prép. : 15 min Cuisson : 10 min Réfrigération : 1 h**

350 g de filet de saumon • 3 cuil. à soupe de mayonnaise • 1 cuil. à soupe de crème épaisse • 1 cuil. à soupe de câpres • 2 cuil. à soupe d'œufs de saumon • 1 citron jaune • 3 oranges • 2 citrons verts • sel

Réalisation

Faites cuire à la vapeur le filet de saumon pendant 10 minutes. Égouttez-le et laissez-le refroidir. Émiettez, à la fourchette, le saumon et pressez au-dessus le citron jaune. Ajoutez la mayonnaise, la crème et les câpres. Salez et réservez au frais pendant 1 heure.

Prélevez les segments des oranges. Taillez de fines tranches de citron vert. Dressez les rillettes au centre de quatre assiettes. Décorez avec les segments d'orange, les œufs de saumon et des tranches de citron vert.

SALADE DE CONCOMBRE AU CRABE

4 pers. **Préparation : 10 min Réfrigération : 1 h**

2 petits concombres • 5 cl d'huile • 2 cl de vinaigre de vin • 1 cuil. de crème épaisse • 1 boîte de chair de crabe • sel, poivre

Réalisation

Épluchez, fendez en deux et retirez les graines des concombres. Râpez-les. Mélangez dans un saladier l'huile avec le vinaigre, la crème, du sel et du poivre. Ajoutez la chair de crabe égouttée puis le concombre. Réservez au frais pendant 1 heure. Servez en raviers.

SALADE DE LANGOUSTINES AUX FRAMBOISES

4 pers. **Préparation : 5 min Cuisson : 3 min**

1 sachet de salades mélangées • 16 langoustines • 1 cuil. à soupe d'huile d'olive • 100 g de framboises • quelques brins de ciboulette • 1 cuil. à soupe de vinaigre de framboises • 2 cuil. à soupe d'huile • sel, poivre du moulin

Réalisation

Dressez au centre de quatre assiettes un beau bouquet de salades mélangées. Assaisonnez avec une vinaigrette composée d'huile, de vinaigre de framboise et de sel fin. Décortiquez les langoustines pour ne préserver que la queue. Mettez l'huile d'olive à chauffer dans une poêle. Faites-y sauter les queues de langoustine pendant 2 à 3 minutes. Salez et poivrez. Déposez les langoustines autour de la salade. Décorez avec des framboises et de la ciboulette.

Notre conseil : à la fin de la cuisson, versez deux cuillerées à soupe de vinaigre de framboises dans la poêle. Laissez frémir quelques instants et nappez les langoustines de ce jus parfumé.

SALADE DE PÂTES ET THON À L'ITALIENNE

4 pers. **Prép. : 15 min Réfrigération : 1 h Cuisson : 10 min**

250 g de pâtes « papillon » • 1 grande boîte de thon au naturel • 1/4 de poivron rouge • 1 boule de mozzarella • 1 cuil. à soupe d'olives noires concassées • 1 cuil. à soupe d'huile d'olive • 1 cuil. à soupe de jus de citron • 1 cuil. à soupe de basilic haché • sel, poivre du moulin

Réalisation

Faites cuire les pâtes dans de l'eau bouillante salée. Respectez le temps de cuisson du fabricant pour obtenir une cuisson *al dente*. Égouttez-les et rincez-les à l'eau froide. Émiettez le thon. Détaillez le poivron et la mozzarella en petits dés. Préparez la sauce en mélangeant l'huile, le jus de citron, les olives et le basilic. Mélangez tous les ingrédients dans un grand saladier puis ajoutez les pâtes. Assaisonnez de sel et de poivre. Laissez reposer cette salade 1 heure au frais avant de la déguster.

SALADE DE POMMES DE TERRE AU SAUMON FUMÉ

4 pers. **Préparation : 10 min Cuisson : 30 min**

4 belles pommes de terre à peau fine • 4 tranches de saumon fumé • 150 g de mesclun de salade • 1/2 botte de radis • 1 petit bouquet de fines herbes • 2 échalotes • 1 cuil. à soupe de vinaigre de vin • 3 cuil. à soupe d'huile • 1 trait de sauce de soja

Réalisation

Lavez soigneusement les pommes de terre. Faites-les cuire en robe des champs et laissez-les refroidir. Épluchez-les et découpez-les en cubes. Émincez les radis. Hachez les échalotes et les fines herbes. Découpez des lanières dans les tranches de saumon fumé. Confectionnez une vinaigrette avec le vinaigre, l'huile et la sauce de soja. Dressez la salade en bouquet dans quatre assiettes. Répartissez harmonieusement les cubes de pomme de terre, l'échalote, les radis, le saumon fumé, la vinaigrette et les fines herbes.

SALADE DE RIZ AU THON ET AU SURIMI

4 pers. **Préparation : 15 min Cuisson : 10 min**

120 g de riz • 100 de thon au naturel • 3 cuil. à soupe de sauce mayonnaise • 6 bâtonnets de surimi • 80 g de maïs en conserve • 1/4 de concombre • 1/2 poivron rouge • 1 citron • sel

Réalisation

Pressez le citron. Faites cuire le riz, égouttez-le et laissez-le refroidir. Épluchez et évidez le concombre. Détaillez le demi-poivron et le concombre en petits dés. Émincez les bâtonnets de surimi. Dans un saladier, écrasez à la fourchette le thon au naturel avec tout son jus. Incorporez la mayonnaise, le jus d'un citron, une pincée de sel et mélangez bien. Terminez la salade en ajoutant le riz, le surimi, le maïs égoutté et les dés de légumes.

Notre conseil : agrémentez votre salade de dés de tomates, de radis ou de cornichons.

SUSHIS DE SAUMON FUMÉ ET RICOTTA

4 pers. **Préparation : 10 min Réfrigération : 1 h**

4 tranches de saumon fumé • 200 g de ricotta • 2 cuil. à soupe d'huile d'olive • 1 cuil. à soupe de fines herbes hachées • 1/2 sachet de salade de mâche • 1 trait de sauce de soja • 1 cuil. à soupe de pignons de pin • sel

Réalisation

Mélangez la ricotta avec une cuillerée à soupe d'huile d'olive, les fines herbes et du sel fin. Tartinez les tranches de saumon fumé avec cette ricotta puis roulez-les. Laissez reposer les sushis 1 heure au réfrigérateur.

Dressez les sushis sur assiette avec une petite salade de mâche assaisonnée d'huile d'olive et de sauce de soja. Agrémentez la salade de pignons de pin.

TARTARE DE SAUMON AU CITRON VERT

4 pers. **Préparation : 20 min Réfrigération : 1 h**

400 g de filet de saumon sans peau • 4 citrons verts • 1 citron jaune • 3 cuil. à soupe d'huile d'olive • 2 cuil. à soupe d'aneth hachée • 2 échalotes • 1 pincée de piment • sel

Réalisation

Détaillez le filet de saumon en petits dés réguliers. Pressez deux citrons verts et le citron jaune, versez le jus dans un saladier. Ajoutez l'huile d'olive, les échalotes finement hachées et l'aneth. Mélangez cette marinade avec le tartare de saumon. Rectifiez l'assaisonnement avec le piment et du sel. Réservez le tartare 1 heure au réfrigérateur. Décorez avec des rondelles de citron vert.

Notre conseil : agrémentez ce tartare avec quelques dés de mangue.

TARTARE DE SAUMON AU GINGEMBRE FRAIS

4 pers. Préparation : 25 min Réfrigération : 1 h

300 g de filet de saumon sans peau • 3 cm de gingembre frais • 2 cuil. à soupe d'huile d'olive • 1 cuil. à soupe de sauce de soja douce • 1/4 de concombre • 1/2 poivron rouge • 2 citrons • 1 cuil. à soupe de menthe hachée

Réalisation

Détaillez le filet de saumon en petits dés réguliers. Épluchez et évidez le concombre. Taillez le concombre et le poivrons en petits dés. Râpez le gingembre. Mélangez le saumon avec le gingembre et les dés de légumes. Assaisonnez avec l'huile d'olive, la sauce de soja et le jus des citrons. Laissez marinez le tartare pendant 1 heure. Dressez-le dans des petits verres et saupoudrez-le de menthe hachée.

Notre conseil : attention, la sauce de soja est très salée.

TERRINE DE MERLAN AUX PETITS LÉGUMES

4 pers. **6 Préparation : 15 min Cuisson : 1 h Repos : 24 h**

400 g de filet de merlan sans peau • 2 blancs d'œufs • 25 cl de crème liquide • 150 g de macédoine de légumes en conserve • 1 cuil. à soupe de vermouth (Martini) • 20 g de beurre • sel, poivre du moulin

Réalisation

Préchauffez le four à 140 °C (th. 4-5). Découpez le filet de merlan en gros dés. Mixez cette chair à l'aide d'un robot ménager. Ajoutez les blancs d'œufs, l'assaisonnement, la crème et le vermouth. Mixez à nouveau. Débarrassez cette farce dans un saladier et incorporez délicatement la macédoine bien égouttée. Beurrez soigneusement un grand moule à cake ou une terrine en porcelaine. Versez-y la farce, lissez et recouvrez d'un aluminium beurré. Faites cuire cette terrine, dans un bain-marie, au four pendant 1 heure. Vérifiez la cuisson avec la pointe d'un couteau. Démoulez et laissez refroidir une journée.

TERRINE DE MERLAN, TRUITE ET PISTACHES

6 pers. Préparation : 20 min Cuisson : 1 h 10 min Repos : 24 h

400 g de filet de merlan sans peau • 2 blancs d'œufs • 25 cl de crème liquide • 200 g de filet de truite • 3 cuil. à soupe de pistaches • 20 g de beurre • sel, poivre du moulin

Réalisation

Préchauffez le four à 140 °C (th. 4-5). Découpez le filet de merlan en gros dés. Mixez cette chair à l'aide d'un robot ménager. Ajoutez les blancs d'œufs, l'assaisonnement et la crème. Mixez à nouveau. Débarrassez cette farce dans un saladier. Ajoutez les filets de truite découpés en cubes et les pistaches grossièrement concassées au couteau. Beurrez soigneusement un grand moule à cake ou une terrine en porcelaine. Versez-y la farce, lissez et recouvrez d'un aluminium beurré. Faites cuire cette terrine, dans un bain-marie, au four pendant 1 heure. Vérifiez la cuisson avec la pointe d'un couteau. Démoulez et laissez refroidir une journée.

Notre conseil : servez cette terrine avec un coulis de tomate.

TERRINE DE SAUMON AUX HERBES

6 pers. **Préparation : 15 min Cuisson : 1 h**

400 g de filet de saumon sans peau • 2 blancs d'œufs • 35 cl de crème liquide • 2 cuil. à soupe de fines herbes • 20 g de beurre • sel, poivre du moulin

Réalisation

Préchauffez le four à 140 °C (th. 4-5). Découpez le filet de saumon en gros dés. Mixez cette chair à l'aide d'un robot ménager. Ajoutez les blancs d'œufs, l'assaisonnement, les herbes et la crème. Mixez à nouveau. Beurrez soigneusement un grand moule à cake ou une terrine en porcelaine. Versez-y la farce, lissez et recouvrez d'un aluminium beurré. Faites cuire cette terrine, dans un bain-marie, au four pendant 1 heure. Vérifiez la cuisson avec la pointe d'un couteau. Démoulez et laissez refroidir une journée. Servez la terrine avec de la sauce mayonnaise.

Notre conseil : utilisez un plat à gratin rempli à moitié d'eau en guise de bain-marie.

•

BEIGNETS DE SCAMPI AU GINGEMBRE

4 pers. **Prép. : 20 min Réfrigération : 1 h Cuisson : 15 min**

20 scampi décortiqués ou 20 grosses crevettes décortiquées • 3 cuil. à soupe d'huile d'olive • 1 bonne pincée de gingembre moulu • 2 cuil. à soupe de nuoc-mâm • 120 g de farine • 1 œuf + 1 blanc • 10 cl de bière • huile de friture • sel, poivre

Réalisation

Faites mariner les scampi avec l'huile d'olive, le gingembre et le nuoc-mâm pendant 1 heure au frais. Dans un saladier, disposez la farine en fontaine. Ajoutez le sel, le poivre, l'œuf et la bière. Mélangez le tout. Battez le blanc d'œuf en neige et incorporez-le au précédent mélange. Égouttez les scampi et enrobez-les de pâte à frire. Plongez-les au fur et à mesure dans l'huile bien chaude à 180 °C et égouttez-les sur du papier absorbant. Dégustez sans attendre à l'apéritif.

Notre conseil : pour une pâte à frire moins corsée, remplacez la moitié de la bière par du lait.

BROCHETTES DE MOULES PANÉES

4 pers. Préparation : 15 min Cuisson : 15 min

2 kg de moules d'Espagne • 10 cl de vin blanc • 30 g de farine • 2 œufs • 100 g de chapelure • huile de friture • sel

Réalisation

Déposez les moules grattées dans une cocotte. Arrosez de vin blanc. Laissez cuire à couvert 6 minutes. Décoquillez les moules. Préparez des petites brochettes en enfilant six ou sept moules par pique. Passez les brochettes dans la farine, puis les œufs battus salés et enfin la chapelure. Faites frire 2 à 3 minutes dans une huile bien chaude.

Notre conseil : dégustez ces brochettes avec une sauce tartare ou aïoli.

BROCHETTES DE SAUMON ET CREVETTES

4 pers. **Préparation : 20 min Cuisson : 10 min**

250 g de filet de saumon sans peau • 16 grosses crevettes bouquet • 16 tomates cerise • 2 cuil. à soupe d'huile d'olive • 1 citron • herbes de Provence • sel, poivre du moulin

Réalisation

Préchauffez le four à 220 °C (th. 7-8). Découpez seize cubes dans le filet de saumon. Réalisez quatre brochettes composées chacune de quatre cubes de saumon, de quatre tomates cerise et de quatre crevettes. Arrosez-les d'huile d'olive et du jus du citron. Assaisonnez de sel, de poivre et d'herbes de Provence. Déposez les brochettes dans un plat et faites-les cuire 10 minutes au four.

BROCHETTES DE SAUMON MARINÉ AUX ABRICOTS

4 pers. **Prép. : 15 min Réfrigération : 2 h Cuisson : 10 min**

400 g de filet de saumon sans peau • 12 abricots secs • 6 fines tranches de lard • huile d'olive **Pour la marinade** : 3 cuil. à soupe de jus d'orange • 3 cuil. à soupe d'huile d'olive • 1 cuil. à soupe de miel liquide • 1 cuil. à soupe de jus de citron • 1 cuil. à café de paprika • 1 cuil. à soupe d'herbes de Provence • sel

Réalisation

Préparez la marinade en mélangeant le jus d'orange avec l'huile d'olive, le miel liquide, le jus de citron, le paprika, les herbes de Provence et une pincée de sel. Détaillez le filet de saumon en seize cubes. Versez la marinade sur les dés de saumon et les abricots secs et laissez reposer au frais pendant 2 heures. Faites-les cuire au barbecue, pendant 10 minutes, en les retournant de temps en temps. Coupez les tranches de lard en deux et enroulez les douze abricots. Confectionnez quatre brochettes composées chacune de quatre cubes de saumon et de trois abricots secs. Arrosez les brochettes d'un filet d'huile d'olive. Faites-les cuire au gril pendant 10 minutes.

Notre conseil : vous pouvez aussi cuire ces brochettes dans un four à 200 °C (th. 6-7) pendant 10 à 12 minutes.

CALAMARS FRITS, SAUCE TARTARE

4 pers. Préparation : 10 min Cuisson : 5 min

300 g de lanières de calamars • 80 g de farine • 1 œuf + 2 blancs • 10 cl de lait, huile de friture • sel, poivre **Pour la sauce tartare :** 100 g de mayonnaise • 1 cuil. à soupe de câpres hachées • 1 cuil. à soupe de cornichon haché • 1 cuil. à soupe de fines herbes • sel, poivre

Réalisation

Confectionnez une sauce tartare en mélangeant la mayonnaise avec les cornichons, les câpres, les fines herbes et l'assaisonnement. Dans un saladier, disposez la farine en fontaine. Ajoutez du sel, du poivre, l'œuf entier et le lait. Mélangez le tout. Battez les deux blancs d'œufs en neige et incorporez-les au précédent mélange. Enrobez les lanières de calamar de cette pâte à frire. Plongez-les dans l'huile bien chaude à 180 °C. Égouttez les calamars sur du papier absorbant. Servez la sauce en ravier.

CALAMARS SAUTÉS EN PERSILLADE D'AIL

4 pers. Préparation : 10 min Cuisson : 6 min

450 g de calamars nettoyés • 2 cuil. à soupe d'huile d'olive • 2 gousses d'ail • 1 petit bouquet de persil • sel, poivre du moulin

Réalisation

Hachez finement le persil et l'ail. Émincez les calamars. Dans une grande poêle, faites chauffer l'huile d'olive. Faites revenir les calamars dans la graisse bien chaude pendant 5 minutes. Ajoutez l'ail, le persil et l'assaisonnement. Terminez la cuisson 1 minute. Servez aussitôt.

Notre conseil : vous pouvez utiliser des calamars congelés.

CAPPUCCINO DE GAMBAS

4 pers. **Préparation : 20 min Cuisson : 15 min**

12 gambas • 2 cuil. à soupe d'huile d'olive • 30 g de beurre • 1 cuil. à soupe de cognac • 1 cuil. à soupe de vin blanc • 125 g de bisque de homard en conserve • 4 cuil. à soupe de crème fraîche épaisse • 4 pluches d'aneth • sel, poivre

Réalisation

Faites revenir à l'huile d'olive et dans une poêle les gambas pendant 3 à 4 minutes. Décortiquez-les. Réservez les carapaces et découpez la chair en gros dés. Dans une cocotte, faites revenir au beurre les carapaces. Flambez au cognac, arrosez de vin blanc et de 10 cl d'eau. Portez à ébullition puis laissez réduire de moitié. Ajoutez la bisque de homard, laissez mijoter encore 5 minutes et passez cette sauce au tamis. Rectifiez l'assaisonnement. Dans quatre grandes tasses à café, répartissez la sauce bien chaude et les dés de gambas. Déposez délicatement, pour chaque tasse, une petite cuillerée de crème fraîche épaisse bien froide et décorez avec un brin d'aneth.

Notre conseil : chauffez les tasses au micro-ondes

2 minutes, puissance maximale avant de dresser les cappuccinos.

CASSOLETTE DE FRUITS DE MER DE CAMILLE

4 pers. **Préparation : 25 min Cuisson : 20 min**

16 noix de Saint-Jacques • 15 cl de vin blanc sec • 1 échalote • 1 boîte de champignons émincés • 100 g de crevettes décortiquées • 20 cl de crème • 1 pincée de safran • 1 cuil. à soupe de fécule de maïs • 40 g de beurre • 100 g de gruyère râpé • sel

Réalisation

Dans une grande casserole, faites frémir le vin et l'échalote hachée. Déposez les noix de Saint-Jacques dans ce vin et laissez cuire 2 minutes. Réservez-les et filtrez le jus de cuisson.

Mélangez le jus de cuisson, le safran, une pincée de sel et la crème. Portez le tout à ébullition. Dans un ramequin, mélangez la fécule de maïs avec une cuillère à soupe d'eau. Versez cette liaison dans la sauce et laissez frémir 1 minute en remuant constamment. Ajoutez 20 g de beurre pour terminer la sauce. Déposez les noix de Saint-Jacques, les crevettes et les champignons égouttés dans quatre cassolettes beurrées. Versez dessus la sauce bouillante. Ajoutez du gruyère râpé et laissez gratiner dans un four chaud à 210 °C.

COQUES À LA MARINIÈRE

4 pers. **Préparation : 15 min Cuisson : 5 min**

1,2 kg de coques • 1 échalote • 10 cl de vin blanc sec • 4 branches de persil plat • 1 anis étoilé (badiane)

Réalisation

Lavez soigneusement les coques à grande eau pour en extraire un maximum de sable. Hachez finement l'échalote et le persil. Déposez les coques égouttées dans une grande casserole. Versez dessus le vin blanc puis ajoutez l'échalote, le persil et l'anis étoilé. Portez à ébullition et laissez cuire à couvert 3 à 4 minutes en remuant de temps en temps. Lorsque toutes les coques sont ouvertes, égouttez et servir aussitôt.

COQUILLES SAINT-JACQUES

4 pers. **Préparation : 25 min Cuisson : 20 min**

16 noix de Saint-Jacques • 10 cl de vin blanc sec • 1 échalote • 60 g de beurre • 40 g de farine • 50 cl de lait • 150 g de gruyère râpé • 1 boîte de champignons émincés • muscade • sel, poivre

Réalisation

Dans une casserole, faites frémir le vin et l'échalote hachée. Déposez les noix de Saint-Jacques dans ce vin et laissez-les cuire 2 minutes. Réservez et filtrez le jus de cuisson. Dans une autre casserole, faites fondre 40 g de beurre puis ajoutez la farine. Versez dans ce roux le lait froid et portez le tout à ébullition en remuant constamment. Ajoutez le jus de cuisson et rectifiez l'assaisonnement (sel, poivre, muscade). Beurrez quatre coquilles de Saint-Jacques. Garnissez-les avec les noix et les champignons égouttés. Nappez de sauce et saupoudrez de gruyère râpé. Faites gratiner les coquilles dans un four chaud à 210 °C.

Notre conseil : ajoutez le jus de cuisson progressivement dans la sauce pour obtenir une sauce nappante mais pas fluide.

CRÊPES AUX ÉCREVISSES

4 pers. **Préparation : 20 min Cuisson : 20 min**

8 crêpes salées • 150 g de queues d'écrevisse décortiquées • 60 g de beurre • 40 g de farine • 50 cl de lait • 1 boîte de bisque d'écrevisses (125 g) • muscade • sel, poivre

Réalisation

Dans une casserole, réalisez un roux avec 40 g de beurre fondu et la farine. Versez le lait froid sur le roux chaud et faites bouillir 1 minute la sauce béchamel. Terminez cette sauce avec la bisque. Rectifiez l'assaisonnement de la sauce. Réchauffez les crêpes. Fourrez-les avec les queues d'écrevisse et un peu de sauce. Pliez-les en quatre. Déposez-les dans un plat à gratin légèrement beurré. Nappez-les avec le reste de sauce. Passez les crêpes dans un four chaud quelques minutes.

CREVETTES SAUTÉES À L'AIGRE-DOUCE

4 pers. Préparation : 5 min Cuisson : 5 min

500 g de crevettes bouquet décortiquées • 1 cuil. à soupe d'huile • 100 g de germes de soja frais • 1 petit bocal de sauce aigre-douce • 4 tranches d'ananas • sauce de soja

Réalisation

Taillez les tranches d'ananas en dés. Dans une poêle, mettez l'huile à chauffer. Faites sauter les crevettes puis les dés d'ananas et les germes de soja. Versez la sauce aigre-douce. Laissez cuire 4 ou 5 minutes. Rectifiez l'assaisonnement avec quelques gouttes de sauce de soja.

CROUSTADES DE MOULES AU SAFRAN

4 pers. **Préparation : 15 min Cuisson : 15 min**

4 croustades de pâte feuilletée • 1,5 kg de moules de bouchot • 2 échalotes • 20 cl de vin blanc • 1 cuil. à soupe de basilic haché • 1 cuil. à café de safran • 30 g de beurre • 30 g de farine • 20 cl de crème

Réalisation

Grattez et lavez soigneusement les moules. Déposez-les dans une grande cocotte avec les échalotes hachées, le vin blanc et du basilic. Faites cuire le tout à feu vif et à couvert pendant 5 à 6 minutes. Remuez de temps en temps. Arrêtez la cuisson, filtrez le jus et décoquillez les moules. Dans une casserole, faites fondre le beurre puis ajoutez la farine. Mouillez ce roux avec le jus de cuisson et saupoudrez de safran. Laissez épaissir puis détendez la sauce avec la crème. Ajoutez les moules à la sauce puis répartissez le tout dans quatre croustades préalablement réchauffées au four.

Notre conseil : acidulez la sauce avec du jus de citron.

CROUSTILLANTS AU SAUMON FUMÉ

4 pers. **Préparation : 20 min Cuisson : 4 min**

8 feuilles de brick • 40 g de beurre • 1 cuil. à soupe de graines de pavot • 4 belles tranches de saumon fumé • 20 cl de crème liquide • 1 petit pot d'œufs de lump rouges • 4 brins d'aneth • sel

Réalisation

Préchauffez le four à 210 °C (th. 7). Découpez trois disques de 10 cm de diamètre par feuille de brick. Badigeonnez-les de beurre fondu et collez-les deux par deux. Saupoudrez-les de pavot. Faites cuire les douze disques 3 à 4 minutes au four. Fouettez la crème liquide avec une pincée de sel. Découpez les tranches de saumon fumé en trois morceaux. Déposez sur un disque de brick une cuillerée de crème puis un morceau de saumon fumé. Continuez de monter le mille-feuille avec deux autres disques. Répétez l'opération avec les trois autres mille-feuilles. Décorez les mille-feuilles avec des brins d'aneth et des œufs de lumps.

Notre conseil : attention, le montage des mille-feuilles est très délicat.

CROUSTILLANTS DE GAMBAS AU WHISKY

4 pers. **Préparation : 20 min Cuisson : 15 min**

5 feuilles de brick • 12 petites gambas • 40 g de beurre • 1 cuil. à café de pavot • 2 cl de whisky • 5 cl de vin blanc sec • 150 g de crème épaisse • sel, poivre

Réalisation

Décortiquez les gambas. Dans une poêle, faites fondre 20 g de beurre, ajoutez les carapaces et laissez suer 3 minutes. Flambez au whisky et déglacez au vin blanc. Ajoutez la crème épaisse, laissez réduire jusqu'à une consistance nappante. Passez la sauce au chinois. Laissez tiédir quelques minutes. Mélangez les gambas avec la sauce. Préchauffez le four à 210 °C (th. 7). Beurrez quatre feuilles de brick avec 20 g de beurre fondu, saupoudrez de pavot. Découpez la cinquième en quatre pour doubler le fond des quatre autres. Répartissez la sauce au milieu de chaque brick. Refermez comme une petite bourse. Maintenez avec deux piques en bois entrecroisées. Faites cuire au four pendant 6 minutes.

Notre conseil : remplacez le whisky par du cognac.

CRUMBLE DE FRUITS DE MER SAFRANÉS

4 pers. **Préparation : 15 min Cuisson : 30 min**

12 à 16 noix de Saint-Jacques • 10 cl de vin blanc sec • 1 échalote • 150 g de crevettes décortiquées • 1 boîte de champignons émincés • 20 cl de crème • 1 œuf • 1 pincée de safran • 70 g de farine • 70 g de chapelure • 70 g de beurre • sel

Réalisation

Dans une grande casserole, faites frémir le vin et l'échalote hachée. Déposez les noix de Saint-Jacques dans ce vin et laissez cuire 2 minutes. Réservez-les et filtrez le jus de cuisson. Préchauffez le four à 180 °C (th. 6). Préparez le crumble en mélangeant du bout des doigts la farine, la chapelure et le beurre salé. Beurrez généreusement quatre gros ramequins. Préparez un flan en mélangeant la crème, l'œuf, trois cuillerées à soupe du jus de cuisson des Saint-Jacques et une pincée de safran. Déposez au fond des ramequins les champignons, les Saint-Jacques et les crevettes. Ajoutez le flan puis émiettez le crumble. Laissez cuire au four pendant 25 minutes.

CRUMBLE DE MOULES AU LAIT DE COCO

4 pers. **Préparation : 25 min Cuisson : 45 min**

1 kg de moules d'Espagne • 400 g de blancs de poireau • 60 g de beurre • 10 cl de crème • 10 cl de lait de coco concentré non sucré • 1 œuf • 70 g de farine • 70 g de chapelure • 70 g de beurre • 1 trait de sauce de soja

Réalisation

Préparez le crumble en mélangeant du bout des doigts la farine, la chapelure et le beurre. Faites cuire les moules dans une cocotte pendant 6 minutes. Lavez et émincez les blancs de poireau. Décoquillez les moules et réservez-les. Beurrez quatre gros ramequins. Préparez un flan en mélangeant la crème, le lait de coco, l'œuf et la sauce de soja. Dans une casserole, faites fondre 40 g de beurre. Faites suer les blancs de poireau. Ajoutez un petit verre d'eau. Laissez cuire à couvert 15 minutes en remuant de temps en temps. Préchauffez le four à 180 °C (th. 6). Égouttez les poireaux et déposez-les au fond des ramequins. Ajoutez les moules, le flan puis émiettez le crumble. Laissez cuire au four pendant 25 minutes.

CRUMBLE DE SAINT-JACQUES AUX ÉPINARDS

4 pers. **Préparation : 25 min Cuisson : 35 min**

16 noix de Saint-Jacques • 400 g d'épinards frais • 90 g de beurre • 20 cl de crème liquide • 1 œuf • 70 g de farine • 70 g de chapelure • 70 g de beurre salé • sel

Réalisation

Préparez le crumble en mélangeant du bout des doigts la farine, la chapelure et le beurre salé. Beurrez généreusement quatre gros ramequins. Faites sauter, 1 minute de chaque côté, dans 30 g de beurre, les noix de Saint-Jacques. Préparez un flan en mélangeant la crème, l'œuf, le jus de cuisson des Saint-Jacques et du sel. Dans une casserole, faites fondre 40 g de beurre. Ajoutez les épinards lavés et égouttés.

Laissez cuire à couvert 6 à 7 minutes en remuant de temps en temps. Préchauffez le four à 180 °C (th. 6). Égouttez les épinards et déposez-les au fond des ramequins. Ajoutez les Saint-Jacques, le flan puis émiettez le crumble. Laissez cuire au four pendant 25 minutes.

Notre conseil : arrêtez la cuisson lorsque le crumble est légèrement coloré.

ÉCREVISSES À LA NAGE

4 pers. **Préparation : 15 min Cuisson : 3 min**

2 litres de court-bouillon • 20 écrevisses vivantes

Réalisation

Faites bouillir le court-bouillon. Châtrez les écrevisses (retirez le boyau central de l'écrevisse vivante en pinçant et en tirant l'écaille située à l'extrémité de la queue). Plongez les écrevisses dans le court-bouillon frémissant pendant 3 minutes. Servez-les aussitôt.

FEUILLETÉS D'ŒUFS BROUILLÉS AUX CREVETTES

4 pers. **Préparation : 5 min Cuisson : 8 min**

4 bouchées feuilletées • 6 œufs • 50 g de beurre • 2 cuil. à soupe de crème fraîche épaisse • 100 g de crevettes décortiquées • 1 cuil. à soupe de ciboulette hachée • sel, poivre du moulin

Réalisation

Préchauffez le four à 150 °C (th. 5). Faites revenir avec 20 g de beurre les crevettes pendant 1 minute. Mettez les bouchées au four. Dans une casserole, faites fondre tout doucement 30 g de beurre. Versez les œufs préalablement battus. Avec une spatule, remuez constamment les œufs à feu très doux. Quand les œufs sont brouillés, ajoutez la crème, la ciboulette, les crevettes et l'assaisonnement. Répartissez les œufs brouillés dans les bouchées bien chaudes.

GAMBAS SAUTÉES AU CHORIZO

4 pers. **Préparation : 15 min Cuisson : 25 min**

12 belles gambas • 1 cuil. à soupe d'huile d'olive • 1 petit oignon • 1/2 chorizo • 10 cl de sauce tomate • sel

Réalisation

Décortiquez les gambas. Émincez finement l'oignon. Pelez et coupez le chorizo en rondelles. Faites revenir rapidement les gambas à l'huile, ajoutez l'oignon puis les rondelles de chorizo. Versez la sauce tomate. Laissez cuire 2 à 3 minutes. Salez et servez aussitôt.

MOUCLADE DES PÊCHEURS

4 pers. **Préparation : 10 min Cuisson : 10 min**

1,8 kg de moules • 2 échalotes • 10 cl de vin blanc • 3 cuil. à soupe de persil haché • 20 cl de crème liquide • 1 pincée de safran • 2 jaunes d'œufs

Réalisation

Grattez et lavez soigneusement les moules. Hachez finement les échalotes. Déposez les moules dans une grande cocotte. Arrosez-les de vin blanc. Ajoutez une cuillerée à soupe de persil haché et l'échalote. Faites cuire le tout à feu vif et à couvert pendant 5 à 6 minutes. Remuez de temps en temps. Débarrassez les moules et retirez toutes les coquilles supérieures. Filtrez le jus de cuisson. Faites-le réduire pendant 2 minutes dans une casserole avec la crème et le safran. Ajoutez, hors du feu, les jaunes d'œufs dans cette sauce. Déposez les moules dans un grand plat et versez la sauce bien chaude dessus. Parsemez de persil haché.

Notre conseil : gardez les moules au chaud dans la cocotte pendant que vous préparez la sauce.

MOULES À LA CRÈME

4 pers. **Préparation : 5 min Cuisson : 5 min**

1,8 kg de moules • 2 échalotes • 10 cl de vin blanc • 1 cuil. à soupe de persil haché • 10 cl de crème liquide

Réalisation

Grattez et lavez soigneusement les moules.

Hachez finement les échalotes. Déposez les moules dans une grande cocotte. Arrosez-les de vin blanc. Ajoutez le persil, la crème et l'échalote. Faites cuire le tout à feu vif et à couvert pendant 5 à 6 minutes. Remuez de temps en temps. Servez les moules bien chaudes nappées de sauce.

MOULES À LA DIABLE

4 pers. **Préparation : 20 min Cuisson : 25 min**

1,5 kg de moules • 10 cl de vin blanc • 1 oignon • 1 petit poivron • 1 petit piment • 20 cl de sauce tomate • 1 cuil. à soupe de persil haché • sel

Réalisation

Faites suer quelques minutes, dans une poêle et à l'huile d'olive un oignon, un poivron et un piment finement émincé. Ajoutez la sauce tomate, un peu de sel et laissez cuire tout doucement pendant 15 minutes. Grattez et lavez soigneusement les moules. Déposez les moules dans une grande cocotte. Arrosez-les de vin blanc. Faites cuire le tout à feu vif et à couvert pendant 5 à 6 minutes. Retirez la coquille supérieure de toutes les moules. Rangez les moules en les superposant dans un plat à gratin. Arrosez-les avec la sauce piquante bouillante. Saupoudrez de persil haché.

Notre conseil : placez le plat de moules recouvert d'un papier aluminium dans un four bien chaud pour les réchauffer.

MOULES À LA LORRAINE

4 pers. **Préparation : 15 min Cuisson : 15 min**

1,8 kg de moules • 2 échalotes • 10 cl de vin blanc • 100 g de crème fraîche épaisse • 100 g de poitrine fumée • 1 cuil. à soupe de ciboulette hachée • 20 g de beurre

Réalisation

Préchauffez le four à 120 °C (th. 4). Grattez et lavez soigneusement les moules. Hachez finement les échalotes. Déposez les moules dans une grande cocotte. Arrosez-les de vin blanc. Ajoutez l'échalote. Faites cuire le tout à feu vif et à couvert pendant 5 à 6 minutes. Retirez les coquilles supérieures des moules et rangez-les dans un plat. Recouvrez-le d'un papier aluminium. Placez ce plat au four pendant quelques minutes. Taillez des lardons et faites-les sauter au beurre dans une poêle. Filtrez le jus de cuisson des moules, mélangez-le à la crème. Faites réduire un peu. Nappez à la dernière minute les moules avec cette sauce et parsemez de lardons et de ciboulette.

MOULES AU BASILIC

4 pers. **Préparation : 5 min Cuisson : 5 min**

1,8 kg de moules • 2 échalotes • 10 cl de vin blanc • 1 cuil. à soupe de basilic haché • 3 anis étoilés

Réalisation

Grattez et lavez soigneusement les moules. Hachez finement les échalotes. Déposez les moules dans une grande cocotte. Arrosez-les de vin blanc. Ajoutez le basilic, l'anis étoilé et l'échalote. Faites cuire le tout à feu vif et à couvert pendant 5 à 6 minutes. Remuez de temps en temps. Servez les moules bien chaudes.

MOULES DE BOUCHOT AUX SAVEURS ANISÉES

4 pers. **Préparation : 10 min Cuisson : 5 min**

1,5 kg de moules de bouchot • 1 oignon • 2 échalotes • 10 cl de vin blanc • 1 cuil. à soupe de pastis • 3 anis étoilée • 1 cuil. à soupe de persil haché

Réalisation

Grattez et lavez soigneusement les moules. Pelez et hachez finement l'oignon et l'échalote. Déposez les moules dans une grande cocotte. Arrosez-les de vin blanc et de pastis. Ajoutez le persil, l'oignon, l'échalote et les anis étoilés. Faites cuire le tout à feu vif et à couvert pendant 5 à 6 minutes. Remuez de temps en temps. Servez bien chaud.

MOUSSE AUX DEUX SAUMONS

4 pers. **Préparation : 15 min Cuisson : 25 min**

250 g de filets de saumon sans peau • 1 blanc d'œuf • 15 cl de crème liquide • 4 tranches de saumon fumé • 20 g de beurre • 1 petit bocal d'œufs de lump rouges • sel

Réalisation

Préchauffez le four à 160 °C (th. 5-6). Vérifiez les filets de saumon, retirez les arêtes et détaillez la chair en gros dés. Mixez-les finement dans un robot pendant 1 minute. Ajoutez un blanc d'œuf et du sel. Mixez 30 secondes. Versez la crème et mixez à nouveau 30 secondes. Beurrez quatre gros ramequins et chemisez les bords intérieurs avec les tranches de saumon fumé. Garnissez-les avec la mousse. Faites cuire les mousses au bain-marie dans le four pendant 25 minutes. Vérifiez la cuisson avec la pointe d'un couteau. Démoulez et décorez avec des œufs de lump.

Notre conseil : faites des bandes dans les tranches de saumon fumé pour chemiser les ramequins et hachez les parures que vous ajouterez à la mousse.

MOUSSE DE TRUITE AU LARD

4 pers. **Préparation : 15 min Cuisson : 25 min**

250 g de filet de truite sans peau • 1 blanc d'œuf • 15 cl de crème liquide • 4 tranches de lard • 20 g de beurre • sel

Réalisation

Préchauffez le four à 160 °C (th. 5-6). Vérifiez les filets de truite, retirez les arêtes et détaillez-les en gros dés. Mixez-les finement dans un robot pendant 1 minute. Ajoutez un blanc d'œuf et du sel. Mixez 30 secondes. Versez la crème et mixez à nouveau 30 secondes. Beurrez quatre gros ramequins et chemisez les bords intérieurs avec les tranches de lard. Garnissez-les avec la mousse. Faites cuire les mousses au bain-marie dans le four pendant 25 minutes. Vérifiez la cuisson avec la pointe d'un couteau. Démoulez et servez.

MOUSSELINE DE MERLAN AUX CREVETTES

4 pers. **Préparation : 15 min Cuisson : 25 min**

200 g de filet de merlan sans peau • 1 blanc d'œuf • 10 cl de crème liquide • 80 g de petites crevettes décortiquées • 20 g de beurre • sel

Réalisation

Préchauffez le four à 160 °C (th. 5-6). Vérifiez les filets de merlan, retirez les arêtes et détaillez-les en gros dés. Mixez-les finement dans un robot pendant 1 minute. Ajoutez un blanc d'œuf et du sel. Mixez 30 secondes. Versez la crème et mixez à nouveau 30 secondes. Beurrez quatre gros ramequins. Garnissez-les à moitié avec la mousse. Ajoutez les crevettes et complétez avec la mousse. Faites cuire les mousses au bain-marie dans le four pendant 25 minutes. Vérifiez la cuisson avec la pointe d'un couteau. Démoulez et servez aussitôt.

PETITS GRATINS D'ÉCREVISSES AUX POIREAUX

4 pers. **Préparation : 20 min Cuisson : 30 min**

250 g de queues d'écrevisse décortiquées • 2 blancs de poireau • 80 g de beurre • 1 boîte de bisque d'écrevisses (250 g) • 2 cuil. à soupe de crème épaisse • 1 cuil. à soupe de cognac • 1 cuil. à soupe de vin blanc • 50 g de gruyère râpé • sel

Réalisation

Émincez finement les poireaux et faites-les revenir avec 30 g de beurre sans coloration. Ajoutez 5 cl d'eau, une pincée de sel et laissez cuire tout doucement à couvert pendant 15 minutes. Beurrez quatre cassolettes. Dans une casserole, faites suer les queues d'écrevisse, 30 secondes avec 30 g de beurre. Ajoutez le cognac puis le vin blanc. Laissez réduire un peu. Terminez la sauce avec la bisque et la crème fraîche. Préchauffez le four à 210 °C (th. 7). Déposez un petit lit de poireaux dans les cassolettes. Garnissez d'écrevisses et de sauce. Ajoutez le gruyère râpé. Faites gratiner au four pendant 12 à 15 minutes.

POÊLÉE DE CREVETTES AUX CHAMPIGNONS ET COURGETTE

4 pers. **Préparation : 10 min Cuisson : 5 min**

500 g de crevettes bouquet décortiquées • 1 cuil. à soupe d'huile d'olive • 250 g de champignons de Paris • 1 petite courgette • 1 citron • 1 cuil. à café de sauce de soja • 2 cuil. à soupe de ciboulette hachée

Réalisation

Pressez le citron. Émincez finement les champignons de Paris. Râpez le vert de la courgette. Dans une poêle, mettez l'huile à chauffer. Faites sauter quelques secondes les crevettes. Ajoutez les champignons puis la courgette. Laissez cuire quelques minutes en remuant de temps en temps. Ajoutez la ciboulette. Rectifiez l'assaisonnement avec quelques gouttes de sauce de soja et le jus de citron. Servez bien chaud dans des bols.

SALADE DE COQUILLAGES ET PAMPLEMOUSSE

4 pers. Préparation : 15 min Cuisson : 5 min

500g de coques • 500g de moules de bouchot nettoyées • 2 pamplemousses • 2 cuil à soupe d'huile d'olive • 1 sachet de salade mélangée • 100g de tomates cerise • fines herbes • sel • poivre du moulin

Réalisation

Épluchez et prélevez les segments des deux pamplemousses. Récupérez le jus. Lavez soigneusement les coquillages. Chauffez une cocotte sur le feu (sans matière grasse). Déposez les coquillages dans la cocotte bien chaude et laissez-les cuire 5 minutes à couvert.

Récupérez le jus de cuisson des coquillages et filtrez-le. Réservez les coquillages au chaud. Mélangez le jus de coquillages avec le jus de pamplemousse et l'huile d'olive. Salez et poivrez modérément cette vinaigrette.

Déposez, au centre de 4 assiettes, le mélange de salade. Ajoutez les coquillages encore chauds puis les segments de pamplemousse. Versez la vinaigrette sur les coquillages et la salade.

Notre conseil : vous pouvez améliorer cette recette en ajoutant des palourdes avec les autres coquillages. Vous pouvez décorer avec des tomates cerise et des fines herbes.

SOUPE DE COQUILLAGES À LA CORIANDRE FRAÎCHE

4 pers. **Préparation : 25 min Cuisson : 10 min**

1 oignon • 80 g de carotte râpée • 1 petit poireau • 100 g de lardons fumés • 400 g de moules de bouchot • 400 g de coques • 20 g de beurre • 5 cl de vin blanc sec • 30 cl de fumet de poisson • 4 branches de coriandre

Réalisation

Lavez et grattez soigneusement les coquillages. Émincez finement l'oignon et le poireau. Dans une cocotte, faites suer au beurre les lardons, ajoutez l'oignon, le poireau et la carotte râpée. Laissez cuire à feu doux 3 à 4 minutes. Mouillez avec le vin blanc et le fumet de poisson. Portez à ébullition.

Ajoutez les coquillages et laissez cuire de nouveau et à couvert quelques minutes. Dressez la soupe bien chaude. Ajoutez la coriandre hachée au dernier moment.

Notre conseil : retirez quelques coquilles pour alléger la présentation. Vous pouvez aussi terminer la soupe avec deux cuillerées à soupe de crème fraîche.

SOUPE DE MOULES DE BOUCHOT

6 pers. **Préparation : 20 min Cuisson : 25 min**

1,5 kg de moules de bouchot • 1 échalote • 1 oignon • 2 gousses d'ail • 1 blanc de poireau • 40 g de beurre • 30 g de farine • 5 cl de vin blanc • 10 cl de fumet de poisson • 50 cl de crème liquide

Réalisation

Nettoyez bien les moules. Faites-les cuire 5 minutes dans une cocotte avec le vin blanc et le fumet. Décoquillez les moules, filtrez soigneusement le jus de cuisson.

Hachez grossièrement l'ail, l'échalote et l'oignon. Émincez le blanc de poireau. Faites suer tous ces légumes, au beurre, dans une cocotte. Ajoutez la farine. Mélangez bien. Versez dessus le jus de cuisson des moules et laissez cuire 15 minutes à feu doux. Versez la crème. Laissez réduire. Ajoutez la moitié des moules décoquillées et mixez le tout. Dressez cette soupe avec l'autre moitié des moules. Servez bien chaud.

Notre conseil : remuez fréquemment cette soupe pendant la cuisson.

SOUPE DE SAINT-JACQUES AUX LÉGUMES

6 pers. **Préparation : 25 min Cuisson : 20 min**

16 noix de Saint-Jacques • 15 cl de vin blanc sec • 1 échalote • 40 cl de fumet de poisson • 20 cl de crème liquide • 30 g de beurre • 30 g de farine • 1 blanc de poireau • 1/2 sachet de carottes râpées • quelques petits pois • sel

Réalisation

Dans une grande casserole, faites frémir le vin et l'échalote hachée. Déposez les noix de Saint-Jacques dans ce vin et laissez cuire 2 minutes. Réservez les noix et coupez-les en deux. Filtrez le jus de cuisson. Faites cuire les carottes dans de

l'eau bouillante salée pendant 2 minutes. Rincez-les à l'eau froide et égouttez-les. Lavez et émincez le blanc de poireau. Dans une autre casserole, faites suer tout doucement, 4 à 5 minutes, au beurre, le blanc de poireau émincé. Ajoutez la farine. Versez le fumet et le jus de cuisson sur le roux et laissez cuire 10 minutes. Versez la crème dans la soupe. Salez légèrement.
Terminez la soupe en incorporant les noix de Saint-Jacques, les carottes et les petits pois.

Notre conseil : parfumez cette soupe avec du safran.

SOUPE DE SAINT-JACQUES ET CREVETTES

4 pers. **Préparation : 15 min Cuisson : 15 min**

16 noix de Saint-Jacques • 15 cl de vin blanc sec • 1 échalote • 1 boîte de champignons émincés • 100 g de crevettes décortiquées • 20 cl de crème • 20 cl de fumet de poisson • 2 cuil. à soupe de fécule de maïs • 1 cuil. à soupe de ciboulette hachée • sel

Réalisation

Dans une grande casserole, faites frémir le vin et l'échalote hachée. Déposez les noix de Saint-Jacques dans ce vin et laissez cuire 2 minutes. Débarrassez-les et filtrez le jus de cuisson. Mélangez le jus de cuisson, le fumet et la crème. Portez le tout à ébullition et laissez réduire un peu. Dans un ramequin, mélangez deux cuillerées à soupe de fécule de maïs avec deux cuillerées à soupe d'eau. Versez cette liaison dans la sauce et laissez frémir 1 minute en remuant constamment. Mixez avec un mixeur plongeant. Rectifiez l'assaisonnement. Déposez les noix de Saint-Jacques, les crevettes et les champignons égouttés dans quatre assiettes à soupe. Versez dessus la soupe bouillante. Saupoudrez de ciboulette hachée.

TARTE AU CRABE

4 pers. **Préparation : 15 min Cuisson : 30 min**

1 rouleau de pâte brisée étalé • 400 g de miettes de crabe • 10 cl de crème fraîche épaisse • 80 g de bisque de crustacés en conserve • 2 œufs • 1 cuil. à soupe de persil haché • 1 cuil. à soupe de Maïzena • 70 g de gruyère • curry • sel, poivre

Réalisation

Préparez le flan salé en mélangeant la crème, la bisque, les œufs, le persil haché, du sel, du poivre et du curry. Préchauffez le four à 200 °C (th. 6-7). Étalez la pâte dans le moule et saupoudrez-la de Maïzena. Répartissez les miettes de crabe égouttées. Versez le flan puis garnissez de gruyère râpé. Faites cuire la tarte au four pendant 30 à 35 minutes.

TARTE OCÉANE

4 pers. **Préparation : 20 min Cuisson : 40 min**

1 rouleau de pâte brisée • 100 g de crevettes décortiquées • 60 g de thon au naturel • 400 g de moules de bouchot • 1 échalote • 10 cl de vin blanc • 1 cuil. à soupe de persil • 10 cl de crème fraîche épaisse • 5 cl de lait • 2 œufs • 1 cuil. à soupe de Maïzena • 70 g de gruyère • muscade • sel, poivre

Réalisation

Faites cuire les moules à la marinière avec l'échalote, le vin blanc et le persil. Décoquillez les moules et égouttez-les bien. Préchauffez le four à 200 °C (th. 6-7). Préparez le flan salé en mélangeant la crème, le lait, les œufs, du sel, du poivre et de la muscade. Étalez la pâte dans le moule et saupoudrez-la de Maïzena. Répartissez les moules, les crevettes et le thon. Versez le flan puis garnissez de gruyère râpé. Faites cuire la tarte au four pendant 35 à 40 minutes.

Notre conseil : baissez la température du four à 180 °C (th. 6) à la moitié de la cuisson.

•

BAR FLAMBÉ AU PASTIS

4 pers. **Préparation : 10 min Cuisson : 30 min**

1 bar vidé de 1,5 kg • quelques branches de fenouil sec • 1 cuil. à soupe de graines de fenouil • 4 cuil. à soupe d'huile d'olive • 3 cuil. à soupe de pastis • sel, poivre du moulin

Réalisation

Préchauffez le four à 210 °C (th. 7). Assaisonnez l'intérieur du bar avec du sel et du poivre et placez-y quelques branches de fenouil sec. Déposez le bar dans un plat légèrement huilé. Salez, poivrez, saupoudrez de graines de fenouil et arrosez le bar d'un filet d'huile d'olive. Faites-le cuire 30 minutes au four en réduisant à 180 °C à mi-cuisson. À la sortie du four, faites chauffez dans une casserole trois cuillerées à soupe de pastis. Versez le pastis chaud sur le bar puis flambez-le.

Notre conseil : vous pouvez inciser la peau du bar par endroit pour faciliter la cuisson.

BROCHETTES DE GAMBAS À L'ANANAS

4 pers. **Préparation : 15 min Cuisson : 5 min**

16 gambas décortiquées • 16 tomates cerise • 4 tranches d'ananas frais • 3 cuil. à soupe d'huile d'olive • 1 citron • 1 cuil à soupe d'herbes de Provence • sel

Réalisation

Arrosez les gambas d'huile d'olive, du jus du citron et d'herbes de Provence. Détaillez les tranches d'ananas en seize morceaux réguliers. Préchauffez le four à 240 °C (th. 8). Sur quatre grandes brochettes, piquez en alternance, les gambas, l'ananas et les tomates. Déposez les brochettes dans un grand plat. Arrosez-les légèrement d'huile d'olive. Faites-les cuire 4 à 5 minutes au four ou faites-les griller au barbecue.

CABILLAUD AUX AMANDES

4 pers. **Préparation : 15 min Cuisson : 8 min**

4 filets de cabillaud • 1 œuf • 40 g de farine • 80 g de chapelure fine • 50 g d'amandes effilées • 2 cuil. à soupe d'huile • 1 citron • sel

Réalisation

Colorez les amandes dans une poêle bien chaude sans matière grasse. Panez les filets de cabillaud en les passant dans la farine puis dans l'œuf battu salé et enfin dans la chapelure. Faites chauffer l'huile dans une grande poêle à revêtement anti-adhésif. Déposez les filets de cabillaud. Laissez-les colorer 3 à 4 minutes et retournez-les. Laissez cuire encore quelques minutes. Servez bien chaud. Arrosez d'un jus de citron et parsemez d'amandes.

Notre conseil : démarrez la cuisson du cabillaud à feu vif puis laissez cuire doucement.

DARNES DE COLIN POCHÉES AU BEURRE DE MOUTARDE

4 pers. **Préparation : 15 min Cuisson : 12 min**

4 darnes de colin • 1 citron • 1 cuil. à soupe de gros sel • 10 cl de vin blanc sec • 2 échalotes • 200 g de beurre • 10 cl de crème liquide ou épaisse • 1 cuil. à soupe de moutarde • piment de Cayenne • sel

Réalisation

Hachez finement les échalotes. Déposez-les dans une casserole avec le vin. Faites réduire presque à sec. Incorporez, à l'aide d'un fouet, le beurre en grosses parcelles. Versez la crème et la moutarde. Assaisonnez. Mixez la sauce à l'aide d'un mixeur plongeant et réservez-la au chaud. Déposez les darnes de colin au fond d'une grande casserole ou d'une cocotte. Versez de l'eau froide à hauteur. Salez au gros sel et ajoutez le jus du citron. Portez le tout, doucement, à ébullition et laissez frémir 2 minutes. Égouttez les darnes, épongez-les avec un papier absorbant et servez-les aussitôt en les nappant avec la sauce moutarde.

Notre conseil : utilisez de la moutarde à l'ancienne pour une sauce encore plus originale.

DARNES DE COLIN À LA SAUCE TOMATE

4 pers. Préparation : 15 min Cuisson : 20 min

4 darnes de colin • 2 cuil. à soupe d'huile d'olive • 1 petit oignon • 20 cl de sauce tomate • thym moulu • sel, poivre

Réalisation

Dans une poêle à revêtement antiadhésif, faites colorer à l'huile d'olive les darnes de colin 3 minutes de chaque côté. Assaisonnez de sel, de poivre et de thym moulu. Retirez et réservez les darnes dans une assiette. Dans la poêle de cuisson, laissez suer quelques minutes l'oignon finement émincé. Versez la sauce tomate. Dès la reprise de l'ébullition, déposez les darnes de colin dans la sauce. Terminez la cuisson des darnes à feu doux pendant 5 minutes.

Notre conseil : ne laissez pas trop cuire les darnes dans la sauce tomate pour les garder moelleuses.

DARNES DE SAUMON GRILLÉES AU CURRY

4 pers. **Prép. : 20 min Réfrigération : 1 h Cuisson : 10 min**

4 darnes de saumon • 4 cuil. à soupe d'huile d'olive • 2 cuil. à soupe de curry • 1 cuil. à soupe d'herbes de Provence • 1/2 citron • sel

Réalisation

Préparez la marinade en mélangeant l'huile d'olive, le curry, les herbes de Provence, le citron et le sel. Badigeonnez copieusement au pinceau les darnes. Conservez-les au frais pendant 1 heure. Grillez les darnes au barbecue pendant 10 à 12 minutes ou faites-les sauter à la poêle.

DARNES DE SAUMON GRILLÉES, BEURRE MAÎTRE D'HÔTEL

4 pers. **Prép. : 20 min Réfrigération : 1 h Cuisson : 10 min**

4 darnes de saumon • 4 cuil. à soupe d'huile • 1 cuil. à soupe d'herbes de Provence • 1/2 citron • sel **Pour le beurre maître d'hôtel :** 100 g de beurre • 1 cuil. à café de jus de citron • 1 cuil. à soupe de persil haché • sel

Réalisation

Préparez la marinade en mélangeant l'huile d'olive, les herbes de Provence, le jus du demi-citron et du sel. Badigeonnez copieusement au pinceau les darnes. Conservez-les au frais pendant 1 heure. Travaillez le beurre en pommade, ajoutez-y le persil haché, le jus de citron et du sel. Confectionnez des rosaces de beurre à l'aide d'une poche à douilles. Réservez ces rosaces au frais. Grillez les darnes au barbecue pendant 10 à 12 minutes ou faites-les sauter à la poêle. Déposez une rosace de beurre sur chaque darne.

DÉS DE SAUMON FAÇON CARBONARA

4 pers. **Préparation : 15 min Cuisson : 10 min**

400 g de filet de saumon sans peau • 20 g de beurre • 1 cuil. à soupe d'huile d'olive • 1 cuil. à soupe de vin blanc • 100 g de crème liquide • 400 g de pâte fraîche (tagliatelles, spaghetti...) • 50g de parmesan râpé • sel

Réalisation

Détaillez le filet de saumon en gros dés réguliers. Dans une poêle à revêtement antiadhésif, faites chauffer le beurre et l'huile. Colorez les dés de saumon quelques minutes, salez puis retirez-les. Versez le vin blanc dans la poêle, laissez réduire de moitié, ajoutez la crème et de nouveau les dés de saumon et laissez mijoter quelques instants. Plongez les pâtes fraîches, 2 minutes, dans un grand volume d'eau bouillante salée. Égouttez les pâtes, déposez-les fumantes dans un grand saladier, versez la sauce et les dés de saumon dessus puis terminez la préparation avec le parmesan râpé.

DORADE RÔTIE AU FENOUIL

4 pers. Préparation : 10 min Cuisson : 30 min

1 dorade rose écaillée et vidée de 1 à 1,2 kg • quelques branches de fenouil sec • 1 cuil. à soupe de graines de fenouil • 4 cuil. à soupe d'huile d'olive • sel, poivre du moulin

Réalisation

Préchauffez le four à 210 °C (th. 7). Assaisonnez l'intérieur de la dorade avec du sel et du poivre et placez-y quelques branches de fenouil sec. Déposez la dorade dans un plat légèrement huilé. Salez et poivrez de nouveau. Saupoudrez de graines de fenouil et arrosez les dorades d'un filet d'huile d'olive. Faites-la cuire 25 à 30 minutes au four.

ESCALOPES DE SAUMON RÔTIES AU BEURRE D'ORANGE

4 pers. **Préparation : 20 min Cuisson : 10 min**

600 g de filet de saumon sans peau • 2 cuil. à soupe d'huile d'olive • 4 oranges • sel **Pour le beurre d'orange** : 1 cuil. à soupe de Cointreau • 2 cuil. à soupe de vin blanc • 1 échalote • 200 g de beurre • 10 cl de crème liquide • sel

Réalisation

Détaillez douze escalopes dans le filet de saumon. Déposez-les bien à plat sur une plaque à pâtisserie recouverte d'un papier sulfurisé. Assaisonnez les escalopes de sel fin et arrosez-les d'un filet d'huile d'olive. Prélevez les segments d'orange. Préchauffez le four à 200 °C (th. 6-7).

Dans une casserole, faites réduire presque à sec le Cointreau, le vin blanc et l'échalote ciselée. Ajoutez le beurre en grosses parcelles. Fouettez sur le feu pour le faire fondre. Ajoutez la crème, un peu de sel puis mixez le tout à l'aide d'un mixeur plongeant. Faites cuire au four, pendant 5 minutes, les escalopes de saumon. Dressez-les dans des assiettes avec les segments d'orange et nappez-les de beurre.

Notre conseil : ne faites jamais bouillir le beurre d'orange.

FILETS DE JULIENNE AU RIESLING

4 pers. **Préparation : 10 min Cuisson : 15 min**

4 pavés de julienne • 2 échalotes • 30 g de beurre • 1 verre de riesling • 15 cl de fumet de poisson • 15 cl de crème liquide • sel

Réalisation

Préchauffez le four à 160 °C (th. 5-6). Vérifiez et enlevez les arêtes des pavés de julienne. Hachez les échalotes. Beurrez généreusement un plat à gratin et parsemez-le d'échalote. Déposez les pavés de julienne. Arrosez de riesling et de fumet de poisson tiède. Recouvrez le plat d'un papier cuisson. Déposez le plat dans le four. Dès que le jus de cuisson commence à frémir, comptez 5 minutes de cuisson. Réservez le poisson au chaud. Débarrassez le jus de cuisson dans une casserole et faites réduire de moitié. Ajoutez la crème, une pincée de sel et laissez réduire à nouveau. Nappez les pavés de julienne avec la sauce au riesling.

Notre conseil : servez ce plat avec des pommes de terre vapeur.

FILETS DE LIEU À LA CRÈME

4 pers. Préparation : 15 min Cuisson : 15 min

4 filets de lieu • 2 échalotes • 30 g de beurre • 5 cl de vin blanc • 15 cl de fumet • 15 cl de crème liquide • sel

Réalisation

Préchauffez le four à 160 °C (th. 5-6). Pliez les filets de lieu en deux et maintenez-les avec un cure-dents. Hachez les échalotes. Beurrez généreusement un plat à gratin. Parsemez-le d'échalotes hachées. Déposez les filets de lieu. Arrosez de vin blanc et de fumet de poisson tiède. Recouvrez le plat d'un papier cuisson. Déposez le plat au four. Dès que le jus de cuisson commence à frémir, comptez 5 minutes de cuisson. Réservez les filets au chaud. Réservez le jus de cuisson dans une casserole et faites-le réduire de moitié. Ajoutez la crème, une pincée de sel et laissez réduire à nouveau. Nappez les filets de lieu avec la sauce.

FILET DE LIEU RÔTI À LA NORMANDE

4 pers. **Préparation : 15 min Cuisson : 20 min**

2 filets de lieu (soit 2 x 300 g) • 60 g de beurre • 250 g de champignons de Paris • 1 pomme (type golden) • 1 cuil. à café de sucre • 1 citron • 1 oignon • 20 cl de cidre sec • 10 cl de crème fraîche • sel, poivre

Réalisation

Épluchez et découpez la pomme en huit. Faites-les colorer 1 minute dans une poêle avec 30 g de beurre et une pincée de sucre. Émincez l'oignon et faites-le suer au beurre dans une poêle 2 à 3 minutes. Émincez les champignons et citronnez-les légèrement. Beurrez un grand plat à gratin. Répartissez les oignons, les quartiers de pomme et les champignons. Déposez les filets de lieu, salez et poivrez. Préchauffez le four à 180 °C (th. 6). Dans un saladier, mélangez le cidre, la crème fraîche et une pincée de sel. Versez cette préparation dans le plat à gratin en nappant les filets de lieu. Faites cuire au four pendant 15 à 18 minutes.

Notre conseil : déposez une feuille d'aluminium beurrée sur le poisson à mi-cuisson pour éviter qu'il dessèche.

FILETS DE LIMANDE GRENOBLOISE

4 pers. **Préparation : 15 min Cuisson : 10 min**

8 filets de limande • 50 g de farine • 5 cl d'huile d'arachide • 100 g de beurre • 1 cuil. à soupe de persil haché • 2 citrons • 30 g de câpres • 50 g de croûtons • sel

Réalisation

Pressez le citron et détaillez la chair du second en petits dés. Farinez les filets de limande. Faites chauffer l'huile et une noisette de beurre dans une grande poêle. Déposez les filets dans la matière grasse chaude. Laissez cuire quelques minutes puis retournez les filets. Salez. Faites chauffer le reste du beurre dans une casserole. Arrosez les filets avec le jus de citron puis le beurre bien chaud. Parsemez de dés de citron, de croûtons et de câpres. Saupoudrez de persil haché et servez aussitôt.

FILETS DE MERLAN FRITS

4 pers. **Préparation : 10 min Cuisson : 5 min**

4 filets de merlan • 100 g de farine • 1 œuf + 2 blancs • 10 cl de lait • huile de friture • sel, poivre

Réalisation

Dans un saladier, disposez la farine en fontaine. Ajoutez du sel, du poivre, l'œuf entier et le lait. Mélangez le tout. Battez les deux blancs d'œufs en neige et incorporez-les au précédent mélange. Enrobez les filets de merlan de cette pâte à frire. Plongez-les dans l'huile bien chaude à 180 °C. Égouttez les filets sur du papier absorbant.

Notre conseil : servez avec une sauce mayonnaise.

FILETS DE MERLAN AU CURRY EN CROÛTE D'AMANDES

4 pers. **Préparation : 15 min Cuisson : 10 min**

4 filets de merlan • 2 cuil. à soupe d'huile • 2 cuil. à soupe de curry • 60 g de farine • 2 œufs • 60 g de chapelure fine • 60 g de poudre d'amandes • sel

Réalisation

Préparez trois assiettes. Dans la première, versez la farine ; dans la deuxième, les œufs battus et salés ; dans la troisième, mélangez la chapelure et la poudre d'amandes. Saupoudrez les filets de merlan avec le curry. Passez-les ensuite dans les trois assiettes en respectant l'ordre. Faites chauffer l'huile dans une poêle et déposez les poissons panés dans la graisse bien chaude. Ralentissez le feu puis laissez cuire 4 à 5 minutes par côté.

Notre conseil : servez avec une sauce tartare.

FILETS DE MERLAN DE JULIE

4 pers. **Préparation : 15 min Cuisson : 10 min**

4 filets de merlan • 2 cuil. à soupe d'huile • 40 g de farine • 1 œuf • 80 g de chapelure fine • 1 citron • sel

Réalisation

Passez les filets de merlan dans la farine, puis l'?uf battu et enfin la chapelure. Faites chauffer l'huile dans une poêle et déposez les filets de merlan panés dans la graisse bien chaude. Ralentissez le feu puis laissez cuire 4 à 5 minutes de chaque côté. Salez modérément. Dressez les poissons bien chauds et arrosez-les de jus de citron.

Notre conseil : Servez des nouilles au beurre en accompagnement.

FILETS DE ROUGET EN CROÛTE DE TAPENADE

4 pers. **Préparation : 15 min Cuisson : 15 min**

4 filets de rouget • 2 cuil. à soupe d'huile d'olive • 2 tomates • 1 oignon • 1 courgette • 5 cl de vin blanc • 5 cl de fumet de poisson • 1 petit pot de tapenade • sel

Réalisation

Préchauffez le four à 150 °C (th. 5). Émincez très finement les légumes. Déposez-les, en fine couche, dans un plat à gratin légèrement huilé. Tartinez les filets de rouget avec la tapenade et déposez-les sur les légumes émincés. Versez dans le plat le fumet et le vin blanc. Recouvrez avec un papier aluminium huilé. Faites cuire au four pendant 15 minutes environ. Servez les filets de rouget accompagnés des légumes.

Notre conseil : lorsque le vin commence à frémir, comptez 5 minutes de cuisson.

FILETS DE ROUGET RÔTIS, SAUCE HOLLANDAISE AU BASILIC

4 pers. **Préparation : 10 min Cuisson : 15 min**

8 filets de rouget • 3 cuil. à soupe d'huile d'olive • 3 jaunes d'œufs • 180g de beurre • 1/2 citron • 4 feuilles de basilic • piment de Cayenne • fleur de thym • sel

Réalisation

Faites fondre le beurre tout doucement au bain-marie. Dans une casserole et à feu très doux, fouettez énergiquement les jaunes d'œufs et une cuillerée à soupe d'eau (vous devez doubler le volume sans dépasser la température de 65 °C). Hors du feu, incorporez, à la manière d'une mayonnaise, le beurre fondu. Acidulez la sauce avec le jus du demi-citron, du sel et du piment de Cayenne. Incorporez le basilic haché au dernier moment et réservez la sauce au chaud. Préchauffez le four à 210 °C (th. 7). Déposez les filets de rouget, la peau au-dessus, sur une plaque à pâtisserie recouverte d'un papier sulfurisé. Arrosez-les d'huile d'olive et de fleur de thym. Salez. Faites rôtir les filets de rouget 6 à 8 minutes au four. Servez bien chaud avec un cordon de sauce.

FILET DE SAUMON AUX MOULES ET BASILIC

4 pers. **Préparation : 10 min Cuisson : 15 min**

600 g de filet de saumon sans peau • 1 cuil. à soupe d'huile • 600 g de moules • 2 échalotes • 5 cl de vin blanc • 20 cl de crème fraîche épaisse • 1 cuil. à soupe de basilic haché • 3 anis étoilés

Réalisation

Grattez et lavez soigneusement les moules. Hachez finement les échalotes. Déposez les moules dans une grande cocotte. Arrosez-les de vin blanc. Ajoutez l'anis étoilé et l'échalote. Faites cuire le tout à feu vif et à couvert pendant 5 à 6 minutes. Remuez de temps en temps. Décoquillez et réservez les moules. Filtrez le jus de cuisson et faites-le réduire de moitié. Ajoutez la crème, faites réduire un peu et terminez la sauce avec le basilic haché. Découpez le filet de saumon en quatre et faites cuire les pavés dans une poêle avec un peu d'huile, 5 minutes de chaque côté. Ajoutez les moules dans la crème au basilic. Servez bien chaud.

Notre conseil : épaississez la sauce avec un peu de Maïzena.

FILETS DE SOLE AUX CREVETTES

4 pers. **Préparation : 15 min Cuisson : 15 min**

8 petits filets de sole • 2 échalotes • 30 g de beurre • 2 cuil. à soupe de vermouth (Noilly-Prat) • 20 cl de fumet • 15 cl de crème liquide • 100 g de crevettes • sel

Réalisation

Préchauffez le four à 160 °C (th. 5-6). Enroulez les filets de sole sur eux-mêmes et maintenez-les avec un cure-dents. Hachez les échalotes. Beurrez généreusement un plat à gratin. Parsemez-le d'échalotes hachées. Déposez les roulades de sole. Arrosez de vermouth et de fumet de poisson tiède. Recouvrez le plat d'un papier cuisson. Faites cuire au four. Dès que le jus de cuisson commence à frémir, comptez 5 minutes de cuisson. Réservez les roulades au chaud. Réservez le jus de cuisson dans une casserole et faites-le réduire de moitié. Ajoutez la crème et laissez réduire à nouveau. Terminez la sauce en ajoutant les crevettes. Nappez les roulades avec cette sauce.

FILETS DE SOLE GRATINÉS

4 pers. **Préparation : 15 min Cuisson : 20 min**

4 grands filets de sole • 60 g de beurre • 5 cl de vin blanc • 15 cl de fumet • 15 cl de crème liquide • sel

Réalisation

Préchauffez le four à 160 °C (th. 5-6). Pliez les filets de sole en deux et maintenez-les avec un cure-dents. Beurrez un plat à gratin avec 20 g de beurre et déposez-y les filets de sole. Arrosez de vin blanc et de fumet de poisson tiède. Recouvrez le plat d'un papier cuisson. Faites cuire au four. Dès que le jus de cuisson commence à frémir, comptez 5 minutes de cuisson. Dressez les filets dans un nouveau plat à gratin. Réservez le jus de cuisson dans une casserole et faites-le réduire de moitié. Ajoutez la crème et laissez réduire à nouveau. Terminez la sauce avec 40 g de beurre. Nappez les filets de sole avec la sauce et faites gratiner au four.

FILETS DE SOLE MEUNIÈRE

4 pers. **Préparation : 15 min Cuisson : 10 min**

8 filets de sole • 50 g de farine • 5 cl d'huile d'arachide • 100 g de beurre • 1 cuil. à soupe de persil haché • 1 citron • sel

Réalisation

Farinez les filets de sole. Faites chauffer l'huile et une noisette de beurre dans une grande poêle. Déposez les filets dans la matière grasse chaude. Laissez cuire quelques minutes puis retournez les filets. Salez. Faites chauffer le reste du beurre dans une casserole. Arrosez les filets avec le jus du citron puis le beurre bien chaud. Saupoudrez de persil haché et servez aussitôt.

GALETTES DE SAUMON

4 pers. **Préparation : 15 min Cuisson : 40 min**

400 g de filet de saumon sans peau • 200 g de pommes de terre • 1 œuf + 1 jaune • 1 cuil. à soupe de fines herbes • 1 oignon • 50 g de farine • 10 cl d'huile • sel, poivre

Réalisation

Épluchez et faites cuire 30 minutes les pommes de terre dans une grande casserole (départ eau froide). Passez-les au presse-purée. Découpez le filet de saumon en gros cubes. À l'aide d'un robot ménager, mixez l'oignon puis les cubes de saumon. Réservez cette farce dans un saladier et ajoutez l'œuf, le jaune d'œuf, les fines herbes, une pincée de sel, de poivre et la purée refroidie. Mélangez bien tous ces ingrédients pour obtenir une pâte homogène. Laissez reposer quelques minutes. Confectionnez, à la main, des petites galettes. Farinez-les légèrement. Faites chauffer de l'huile dans une poêle. Déposez les galettes dans la matière grasse bien chaude. Laissez-les cuire et colorer doucement 3 à 4 minutes. Retournez-les et recommencez l'opération. Servez ces galettes avec des pommes de terre rissolées.

Notre conseil : vous pouvez agrémenter les galettes de pistaches concassées.

MAQUEREAUX RÔTIS À LA MOUTARDE

4 pers. **Préparation : 15 min Cuisson : 20 min**

4 maquereaux vidés • 1 cuil. à soupe d'huile • 1 oignon • 1 petit bouquet de persil • quelques feuilles de basilic • 1 échalote • 1 cuil. à soupe d'huile d'olive • 2 cuil. à soupe de moutarde • sel, poivre du moulin

Réalisation

Préparez la farce d'herbes en mixant les fines herbes avec l'oignon, l'échalote et l'huile d'olive. Préchauffez le four à 200 °C (th. 6-7). Garnissez les maquereaux avec la farce, puis badigeonnez-les généreusement de moutarde. Entourez chaque maquereau d'une feuille d'aluminium légèrement huilée. Placez-les dans un plat à gratin. Faites cuire les maquereaux au four pendant 15 à 20 minutes selon la taille des poissons.

MARINIÈRE DE LIEU AUX MOULES ET ESTRAGON

4 pers. **Préparation : 20 min Cuisson : 15 min**

4 filets de lieu • 600 g de moules • 5 cl de vin blanc • 10 cl de fumet de poisson • 20 cl de crème fraîche épaisse • quelques brins d'estragon

Réalisation

Grattez et lavez soigneusement les moules. Déposez-les dans une grande cocotte. Arrosez-les de vin blanc. Faites cuire le tout à feu vif et à couvert pendant 5 à 6 minutes. Décoquillez et réservez les moules. Filtrez le jus de cuisson et faites-le réduire de moitié avec le fumet de poisson. Ajoutez la crème, faites réduire un peu et terminez la sauce avec l'estragon haché. Faites cuire les filets de lieu à la vapeur pendant quelques minutes. Ajoutez les moules dans la sauce à l'estragon. Nappez les filets de lieu avec cette sauce. Servez bien chaud.

MERLANS FRITS AU CITRON

4 pers. **Préparation : 10 min Cuisson : 6 min**

4 merlans vidés • 20 cl de lait • 100 g de farine • 2 citrons • sel

Réalisation

Lavez et essuyez soigneusement les merlans. Passez-les dans du lait salé, égouttez-les puis farinez-les. Tapotez les merlans pour enlever la farine excédentaire. Faites-les frire dans une huile à 180 °C pendant 5 à 6 minutes (les merlans remontent à la surface de l'huile).
Salez et servez avec des quartiers de citron.

MERLANS FRITS EN COLÈRE

4 pers. **Préparation : 15 min Cuisson : 6 min**

4 merlans vidés • 10 cl de lait • 10 cl de bière • 100 g de farine • 2 citrons • sel

Réalisation

Lavez et essuyez soigneusement les merlans. Maintenez la gueule du merlan dans sa queue à l'aide d'une pique en bois. Passez-les dans un

mélange de bière et de lait salé. Égouttez-les puis farinez-les. Tapotez les merlans pour enlever la farine excédentaire. Faites-les frire dans une huile à 180 °C pendant 5 à 6 minutes (les merlans remontent à la surface de l'huile).
Retirez les piques de bois. Salez et servez avec des quartiers de citron.

MINUTES DE SAUMON AUX OLIVES

4 pers. **Préparation : 5 min Cuisson : 5 min**

4 escalopes de saumon • 2 cuil. à soupe d'huile d'olive • 1 citron • 1 cuil. à soupe de basilic haché • 2 cuil. à soupe d'olives vertes concassées • sel

Réalisation

Badigeonnez les escalopes de saumon avec l'huile d'olive et le jus du citron. Faites chauffer une poêle à revêtement antiadhésif. Déposez les escalopes dans la poêle bien chaude. Salez. Laissez cuire 3 minutes de chaque côté. Parsemez les escalopes, au dernier moment, de basilic et d'olives vertes concassées.

MINUTES DE SAUMON ÉPICÉES

4 pers. **Préparation : 5 min Cuisson : 5 min**

4 escalopes de saumon • 2 cuil. à soupe d'huile d'olive • 1 citron • 1 pincée de paprika • 1 pincée de piment • 1 pincée de sel • 1 pincée de poivre

Réalisation

Mélangez dans un ravier l'huile d'olive, le jus du citron, les épices et le sel. Badigeonnez cette marinade sur les escalopes de saumon. Faites chauffer une poêle à revêtement antiadhésif. Déposez les escalopes dans la poêle bien chaude. Laissez cuire 3 minutes de chaque côté.

Notre conseil : servez avec des pommes de terre sautées.

NAGE DE SAINT-JACQUES ET MOULES DE BOUCHOT

4 pers. **Préparation : 25 min Cuisson : 20 min**

800 g de moules de bouchot • 12 noix de Saint-Jacques • 1 échalote • 40 g de beurre • 10 cl de vin blanc • 10 cl de fumet de poisson • 15 cl de crème liquide • 100 g de petits pois surgelés • 1 petit bouquet de cerfeuil • sel

Réalisation

Nettoyez bien les moules. Faites-les cuire 5 minutes dans une cocotte avec le vin blanc et l'échalote hachée. Décoquillez les moules, filtrez soigneusement le jus de cuisson. Dans une casserole, versez le jus de cuisson des moules avec le fumet et la crème. Faîtes réduire un peu. Faites cuire quelques minutes les petits pois surgelés dans de l'eau bouillante salée. Rafraîchissez-les après la cuisson. Retirez le petit nerf des noix de Saint-Jacques et faites-les sauter à la pôele, à la dernière minute, dans du beurre bien chaud. Assaisonnez-les avec de la fleur de sel. Répartissez les moules et les petits pois dans quatre assiettes creuses. Versez dessus la sauce chaude et moussante. Déposez les noix de Saint-Jacques et décorez avec des pluches de cerfeuil.

Notre conseil : parfumez la sauce avec du safran ou une pointe de curry.

PAPILLOTES DE CABILLAUD À L'INDIENNE

4 pers. Préparation : 10 min Cuisson : 8 min

4 pavés de cabillaud • 1 cuil. à soupe d'huile d'olive • 1 cuil. à café de curry • 1 cuil. à café de paprika • 10 cl de lait de coco concentré non sucré • 2 cuil. à soupe de crème liquide • 1 citron • quelques feuilles de menthe • sel, poivre du moulin

Réalisation

Préchauffez le four à 220 °C (th. 7-8). Saupoudrez les pavés de cabillaud avec le curry, le paprika, du sel et du poivre. Mélangez le lait de coco avec la crème, le jus de citron et une pointe de sel. Découpez quatre feuilles de papier sulfurisé et badigeonnez-les d'huile d'olive. Déposez les filets de cabillaud, nappez-les de crème puis de menthe hachée. Refermez les papillotes et faites-les cuire au four 8 minutes.

PAPILLOTES DE MERLAN À LA TOMATE

4 pers. **Préparation : 15 min Cuisson : 10 min**

4 filets de merlan • 4 tomates grappe • 5 cl d'huile d'olive • 4 feuilles de basilic • 1 citron • 1 petite courgette • sel, poivre

Réalisation

Préchauffez le four à 200 °C (th. 6-7). Découpez la courgette en petits dés. Émincez finement les tomates. Pressez le citron. Découpez quatre feuilles de papier sulfurisé. Badigeonnez-les d'huile d'olive. Déposez, à droite de chaque feuille, la tomate finement émincée, les dés de courgette et le filet de merlan. Ajoutez un filet d'huile d'olive, un filet de jus de citron, une feuille de basilic, du sel et du poivre. Repliez hermétiquement les papillotes et faites-les cuire au four pendant 10 minutes.

PAPILLOTES DE ROUGET À L'ORANGE

4 pers. **Préparation : 10 min Cuisson : 6 min**

4 grands filets de rouget • 3 oranges • 4 cuil. à soupe de vin blanc • 8 cl de crème liquide • sel

Réalisation

Préchauffez le four à 210 °C (th. 7). Détaillez deux oranges en tranches fines et pressez la troisième. Découpez quatre feuilles de papier sulfurisé. Répartissez les rondelles d'orange. Déposez dessus les filets de rouget. Arrosez de jus d'orange, de crème et de vin blanc. Salez. Refermez les papillotes et faites-les cuire au four pendant 10 minutes.

PAPILLOTES DE SAUMON À L'OSEILLE

4 pers. **Préparation : 15 min Cuisson : 18 min**

4 pavés de saumon • 1 cuil. à soupe d'huile d'olive • 1 petite botte d'oseille • 20 g de beurre • 1 citron • 4 cuil. à soupe de vin blanc • sel, poivre

Réalisation

Émincez finement l'oseille. Faites-la cuire dans

une casserole, pendant 5 minutes, avec une noisette de beurre et du sel fin. Laissez refroidir. Préchauffez le four à 210 °C (th. 7). Découpez quatre feuilles de papier aluminium. Huilez-les. Déposez les pavés de saumon. Étalez dessus la fondue d'oseille. Ajoutez un filet de jus de citron et le vin blanc. Salez et poivrez. Faites cuire les papillotes au four pendant 10 à 12 minutes selon la grosseur des pavés de saumon.

PAPILLOTES DE SAUMON AU BEURRE DE CITRON

4 pers. **Préparation : 10 min Cuisson : 12 min**

4 pavés de saumon • 4 cuil. à café d'huile d'olive • 4 cuil. à soupe de vin blanc • 120 g de beurre • 1 citron • sel, poivre

Réalisation

Préchauffez le four à 200 °C (th. 6-7). Découpez quatre feuilles de papier d'aluminium (40 x 30 cm), badigeonnez-les d'huile d'olive. Déposez un pavé de poisson par feuille. Salez, poivrez puis arrosez chaque pavé de vin blanc. Refermez hermétiquement les papillotes. Laissez cuire au four 10 minutes. Pressez le citron. Dans une petite casserole, faites bouillir le jus de citron avec une cuillerée à soupe d'eau et du sel fin. Ajoutez le beurre en parcelles. Fouettez jusqu'à la fonte totale du beurre. Servez le beurre de citron en saucière.

PAPILLOTES DE SAUMON EN ÉCAILLES DE COURGETTE

4 pers. **Préparation : 15 min Cuisson : 10 min**

4 pavés de saumon • 1 cuil. à soupe d'huile d'olive • 1 citron • 2 petites courgettes • 2 cuil. à soupe de vin blanc • sel, poivre

Réalisation

Pressez le citron. Préchauffez le four à 210 °C (th. 7). Découpez les courgettes en fines rondelles régulières. Découpez ensuite quatre feuilles d'aluminium (40 x 30 cm). Badigeonnez, pour chaque feuille, la partie gauche avec de l'huile d'olive. Placez dessus les pavés de saumon puis assaisonnez avec le jus de citron, le vin blanc, du sel et du poivre. Déposez enfin les rondelles de courgette en écaille sur chaque poisson. Refermez soigneusement et hermétiquement les papillotes en repliant deux fois tous les bords. Placez les papillotes sur une plaque à pâtisserie. Faites cuire au four pendant 10 minutes. Servez aussitôt.

PAPILLOTES DE TRUITE AUX PETITS LÉGUMES

4 pers. **Préparation : 15 min Cuisson : 10 min**

4 filets de truite • 1 cuil. à soupe d'huile d'olive • 1 sachet de carottes râpées • 2 tomates • 8 champignons • 2 citrons • 4 cuil. à soupe de vin blanc • 1 petit bouquet de persil plat • sel

Réalisation

Coupez les tomates en rondelles. Nettoyez et émincez les champignons. Préchauffez le four à 200 °C (th. 6-7). Découpez quatre grandes feuilles d'aluminium. Badigeonnez-les d'huile d'olive. Répartissez les carottes râpées, les tomates et les champignons. Déposez dessus les filets de truite. Arrosez de vin blanc et de jus de citron. Parsemez de persil ciselé. Salez. Faites cuire au four pendant 10 minutes.

PAVÉS DE CABILLAUD À LA BIÈRE BLANCHE

4 pers. **Préparation : 15 min Cuisson : 15 min**

4 pavés de cabillaud • 50 g de beurre • 1 cuil. à soupe d'huile • 10 cl de bière blanche • 10 cl de fumet de poisson • 2 cuil. à soupe de fines herbes • sel, poivre du moulin

Réalisation

Faites chauffer l'huile dans une poêle à revêtement antiadhésif puis faites cuire les pavés de cabillaud. Salez et poivrez. Retirez-les et réservez-les entre deux assiettes. Dans la poêle de cuisson, versez la bière blanche et le fumet de poisson. Laissez réduire aux deux tiers. Ajoutez le beurre en parcelles. Rectifiez l'assaisonnement. Dressez et nappez les pavés de cabillaud avec cette sauce. Saupoudrez de fines herbes hachées.

Notre conseil : terminez la sauce à la bière blanche avec un peu de crème fraîche.

PAVÉS DE CABILLAUD PANÉS À L'ANGLAISE

4 pers. **Préparation : 15 min Cuisson : 10 min**

4 pavés de cabillaud • 2 cuil. à soupe d'huile • 50 g de farine • 2 œufs • 100 g de chapelure fine • sel

Réalisation

Préparez trois assiettes. Dans la première, versez la farine ; dans la deuxième, battez les œufs et du sel ; dans la troisième, déposez la chapelure. Panez les pavés de cabillaud en les passant dans la farine, puis les œufs et enfin la chapelure. Faites chauffer l'huile dans une poêle et déposez les poissons panés dans la graisse bien chaude. Ralentissez le feu puis laissez cuire 4 à 5 minutes par côté.

PAVÉS DE SANDRE À LA CRÈME ET AUX CHAMPIGNONS

4 pers. **Préparation : 10 min Cuisson : 15 min**

4 pavés de sandre • 2 échalotes • 30 g de beurre • 150 g de champignons de Paris • 1 verre de vin blanc sec • 15 cl de fumet • 15 cl de crème liquide ou épaisse • sel

Réalisation

Préchauffez le four à 160 °C (th. 5-6). Hachez les échalotes. Beurrez généreusement un plat à gratin en porcelaine ou en verre et parsemez-le d'échalotes puis de champignons émincés. Déposez les pavés de sandre. Arrosez de vin blanc et de fumet de poisson tiède. Recouvrez le plat d'un papier cuisson. Déposez le plat au four. Dès que le jus de cuisson commence à frémir, comptez 5 minutes de cuisson. Réservez le poisson au chaud. Versez le jus de cuisson et les champignons dans une casserole et faites réduire de moitié. Ajoutez la crème et laissez réduire à nouveau. Nappez les pavés de sandre avec la sauce.

Notre conseil : la sauce doit napper légèrement le poisson.

PAVÉS DE SAUMON EN CROÛTE D'HERBES

4 pers. **Préparation : 10 min Cuisson : 12 min**

4 pavés de saumon avec la peau • 1 cuil. à soupe d'huile • 60 g de chapelure fine • 1 petit bouquet de fines herbes • 2 gousses d'ail • 1 pincée d'herbes de Provence • 120 g de beurre • 1 trait de pastis • sel, poivre du moulin

Réalisation

Préchauffez le four à 200 °C (th. 6-7). Travaillez le beurre en pommade. Hachez, à l'aide d'un robot, les fines herbes avec les gousses d'ail et la chapelure. Débarrassez cette chapelure dans un saladier puis incorporez les herbes de Provence, le pastis et le beurre en pommade.

Tartinez ce beurre d'herbes sur les pavés de saumon. Déposez-les dans un plat à gratin légèrement huilé et faites-les cuire au four pendant 12 à 15 min.

Notre conseil : déposez un papier aluminium huilé sur les saumons en cours de cuisson pour éviter une coloration excessive.

PAVÉS DE SAUMON EN CROÛTE DE PAIN D'ÉPICES

4 pers. **Préparation : 15 min Cuisson : 20 min**

4 pavés de saumon avec la peau • 1 cuil. à soupe d'huile • 6 tranches de pain d'épices • 30 g de beurre • sel

Réalisation

Préchauffez le four à 200 °C (th. 6-7). Mixez les tranches de pain d'épices avec un robot. Travaillez le beurre en pommade. Mélangez le beurre et la chapelure de pain d'épices. Tartinez les pavés de saumon côté chair avec ce beurre. Déposez les pavés dans un plat légèrement huilé. Recouvrez le plat d'un papier aluminium huilé et faites cuire au four pendant 20 minutes.

PAVÉS DE SAUMON MARINÉS VODKA ET POIVRE VERT

4 pers. **Prép. : 5 min Réfrigération : 1 h Cuisson : 15 min**

4 pavés de saumon • 1 cuil. à soupe d'huile • 2 cuil. à soupe de vodka • 1 cuil. à café de sauce de soja • 1 citron • 1 cuil. à soupe d'huile d'olive • 2 cuil. à soupe de poivre vert • 20 cl de crème liquide • sel

Réalisation

Mélangez dans un ravier la vodka avec la sauce de soja, l'huile d'olive et le jus du citron. Versez cette marinade sur les pavés de saumon et laissez reposer au frais pendant 1 heure.

Égouttez les pavés et faites-les cuire dans une poêle, avec un peu d'huile, pendant 10 minutes. Salez très légèrement. Réservez les pavés de saumon au chaud dans un four. Versez la marinade dans la poêle et laissez réduire de moitié. Ajoutez la crème liquide. Laissez réduire et terminez la sauce avec le poivre vert. Dressez les pavés de saumon nappés à moitié de sauce.

PAVÉS DE SAUMON RÔTIS AU SIROP D'ÉRABLE

4 pers. **Préparation : 5 min Cuisson : 15 min**

4 pavés de saumon avec la peau • 2 cuil. à soupe d'huile d'arachide • 2 cuil. à soupe de sirop d'érable • sel, poivre du moulin

Réalisation

Préchauffez le four à 210 °C (th. 7). Faites chauffer l'huile dans une poêle. Déposez les pavés, côté peau, dans l'huile bien chaude. Salez et poivrez. Laissez-les cuire doucement sans jamais les retourner pendant 8 à 10 minutes. Badigeonnez la chair des pavés avec le sirop d'érable et terminez la cuisson au four pendant 5 minutes.

Notre conseil : servez avec des pommes sautées.

PAVÉS DE SAUMON RÔTIS, ÉCRASÉ DE POMMES DE TERRE À L'HUILE D'OLIVE

4 pers. **Préparation : 20 min Cuisson : 55 min**

4 pavés de saumon • 10 cl d'huile d'olive • 1 kg de pommes de terre • 1 cuil. à soupe de fleur de thym • 10 cl de coulis de tomate • sel

Réalisation

Lavez soigneusement les pommes de terre. Déposez-les dans une grande casserole. Mouillez à hauteur d'eau froide salée. Portez le tout à ébullition et faîtes frémir 40 minutes. Épluchez les pommes de terre encore chaudes, puis écrasez la chair avec une fourchette dans un grand saladier. Terminez cette purée en incorporant, avec une cuillère en bois, 5 à 7 cl d'huile d'olive et une pincée de sel. Préchauffez le four à 210 °C (th. 7). Déposez les pavés de saumon, la peau au-dessus, sur une plaque à pâtisserie recouverte d'un papier sulfurisé. Arrosez-les d'huile d'olive. Salez et parsemez de fleur de thym. Faites-les rôtir 15 minutes au four. Servez bien chaud avec l'écrasé de pommes de terre et le coulis de tomate.

Notre conseil : vous pouvez remplacer les pavés de saumon par des filets de rouget.

PAVÉS DE THON GRILLÉS AU BEURRE DE POIVRON

4 pers. Prép. : 20 min Réfrigération : 1 h Cuisson : 20 min

4 pavés de thon • 4 cuil. à soupe d'huile • 1/2 citron • sel **Pour le beurre de poivron :** 1 poivron rouge • 1 petit oignon • 1 cuil. à soupe d'huile d'olive • 5 cl de sauce tomate • 5 cl de crème • 50 g de beurre • sel

Réalisation

Préparez la marinade en mélangeant l'huile d'olive, le jus du demi-citron et le sel. Badigeonnez copieusement au pinceau les pavés. Conservez-les au frais pendant 1 heure.

Émincez finement l'oignon et le poivron. Faites-les compoter 15 minutes avec un peu d'huile d'olive. Ajoutez la sauce tomate. Laissez cuire encore 5 minutes. Mixez le tout finement et terminez la préparation en ajoutant la crème et le beurre. Rectifiez l'assaisonnement. Grillez les pavés de thon au barbecue pendant 10 à 12 minutes ou faites-les sauter à la poêle. Servez le beurre bien chaud en saucière.

PAVÉS DE TRUITE AUX AMANDES, SAUCE À L'ORANGE

4 pers. **Préparation : 10 min Cuisson : 10 min**

4 pavés de truite • 4 cuil. à café d'huile d'olive • 3 oranges • 1 citron • 30 g d'amandes effilées • 20 cl de crème fraîche épaisse • 10 cl de fumet de poisson • sel, poivre

Réalisation

Préchauffez le four à 200 °C (th. 6-7). Découpez quatre feuilles de papier d'aluminium (40 x 30 cm). Déposez les pavés de truite. Salez, poivrez, arrosez d'une cuillerée d'huile d'olive. Déposez dessus une rondelle d'orange. Refermez les papillotes. Laissez cuire au four 10 minutes. Faites griller les amandes dans une poêle chaude sans matière grasse. Pressez une orange et le citron. Découpez la dernière orange en quartiers. Dans une casserole, faites réduire de moitié le jus d'agrume et le fumet de poisson. Ajoutez la crème et laissez réduire à votre convenance. Dressez les pavés de truite dans des assiettes à soupe, versez la sauce autour. Décorez avec les quartiers d'orange et parsemez d'amandes grillées.

ROULADE DE MERLAN AUX CHAMPIGNONS

4 pers. **Préparation : 20 min Cuisson : 15 min**

4 filets de merlan • 2 échalotes • 250 g de champignons de Paris • 30 g de beurre • 5 cl de vin blanc • 15 cl de fumet de poisson • 15 cl de crème liquide • sel

Réalisation

Préchauffez le four à 160 °C (th. 5-6). Enroulez les filets de merlan sur eux-mêmes et maintenez-les avec un cure-dents. Émincez les champignons et hachez les échalotes. Beurrez généreusement un plat à gratin. Parsemez-le d'échalote. Déposez les roulades de merlan. Arrosez de vin blanc et de fumet de poisson tiède. Recouvrez le plat d'un papier cuisson. Déposez-le dans le four. Dès que le jus de cuisson commence à frémir, comptez 5 minutes de cuisson. Réservez les roulades au chaud. Débarrassez le jus de cuisson et les champignons dans une casserole et faites réduire de moitié.

Ajoutez la crème, une pincée de sel et laissez réduire à nouveau. Nappez les roulades de merlan de cette sauce aux champignons.

Notre conseil : surveillez bien la sauce pendant la réduction pour éviter qu'elle attache à la casserole.

SARDINES RÔTIES AU PAPRIKA

4 pers. **Prép. : 10 min Cuisson : 20 min Réfrigération : 1 h**

8 sardines vidées et nettoyées • 2 citrons • 25 cl de vin blanc sec • 2 cuil. à soupe d'huile d'olive • 1 cuil. à soupe d'herbes de Provence • paprika • sel

Réalisation

Pressez un citron. Déposez les sardines dans un plat. Arrosez-les de vin blanc, d'huile d'olive, du jus de citron, d'herbes de Provence, de sel et de paprika. Laissez-les mariner 1 heure au minimum au réfrigérateur. Préchauffez le four à 220 °C (th. 7-8). Égouttez-les et déposez-les dans un plat à gratin légèrement huilé. Faites cuire le tout 20 minutes au four. Retournez les sardines à mi-cuisson.

Servez bien chaud en arrosant les sardines de jus de citron.

TRUITES RÔTIES AUX HERBES

4 pers. **Préparation : 10 min Cuisson : 20 min**

4 truites vidées • 1 cuil. à soupe d'huile d'olive • 1 petit bouquet de persil • quelques feuilles de basilic • 1 oignon • 1 échalote • 2 cuil. à soupe de crème épaisse • sel, poivre du moulin

Réalisation

Préchauffez le four à 210 °C (th. 7). Rincez et vérifiez les truites. Hachez au robot le persil, le basilic, l'oignon et l'échalote. Ajoutez la crème. Assaisonnez de sel fin et de poivre. Garnissez les truites de cette farce. Découpez quatre feuilles d'aluminium et badigeonnez-les d'huile d'olive. Enveloppez hermétiquement les truites avec les feuilles d'aluminium. Déposez-les dans un plat et faites-les cuire 15 à 20 minutes au four.

Notre conseil : piquez l'intérieur des truites avec la pointe d'un couteau pour vérifier la cuisson.

INDEX DES RECETTES

•

Les entrées froides

Les entrées chaudes

Les plats chauds

VOUS AVEZ AIMÉ CE LIVRE ?

Vous trouverez également dans la même collection

LES TITRES CUISINE

• Recettes express • Tartes salées sucrées • Pâtes
• Recettes éco • Tartines et sandwichs
• Crêpes salées et sucrées • Crumbles • Soupes
• Recettes pour débutants • Recettes aux œufs • Barbecue
• Tartares et carpaccios • Wok • Quiches, tartes et tatins
• Gratins • Fêtes et fiestas • Tout chocolat • Cakes salés et sucrés
• Recettes pour Deux • Desserts simplissimes
• Recettes végétariennes • Recettes provençales
• Recettes du Pays basque • Recettes d'Italie • Recettes du Maroc
• Salades express • Desserts aux fruits • Recettes juives
• Confitures, gelées et marmelades • Recettes d'Espagne
• Recettes d'Asie • Recettes de grand-mère • Recettes alsaciennes
• Purées et mousselines • Papillotes et bricks

LES TITRES CUISINE / SANTÉ

• Recettes minceur tome 4 • Salades minceur
• Recettes pour bébé • Recettes pour diabétiques
• Recettes Oméga 3 • Recettes vapeur & minceur
• Menus minceur • Recettes minceur Épices et Aromates
• Menus Minceur, tome 2 • Recettes anti-âge
• Recettes anti-cholestérol • Tout cru ! • Fibrissime !
• En-cas minceur • Minceur 2007
• Recettes anti-stress

Pour être informé en permanence sur notre catalogue et les dernières nouveautés publiées dans cette collection, consultez notre site Internet à www.efirst.com